Mein Körper

Mein buntes Kinderwissen ab 5 Jahren

Inhalt

Die Entwicklung des Menschen

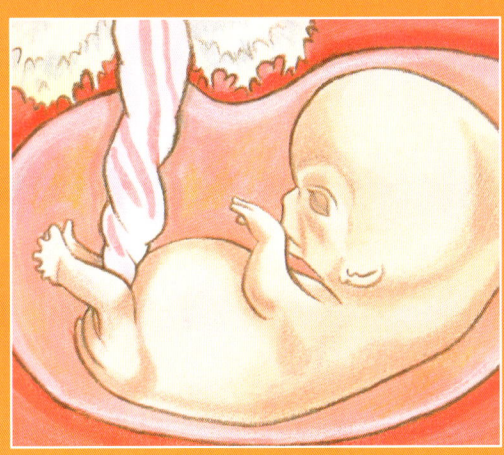

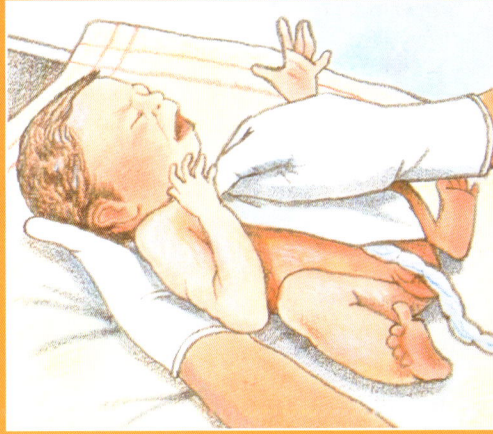

Jeder ist einmalig

Auf der Erde leben über sechs Milliarden Menschen, doch keiner ist genau wie der andere. Jeder Mensch ist einzigartig in Aussehen und Charakter.

Du unterscheidest dich von anderen Kindern nicht nur durch die Farbe deiner Augen, die Form deiner Ohren oder die Wirbel in deinen Haaren. Auch deine Art zu sprechen, zu denken oder zu lachen unterscheidet dich.

Die Polizei sammelt am Ort eines Verbrechens die Fingerabdrücke. Sie vergleicht sie mit Abdrücken von Verdächtigen, um den Täter zu entlarven.

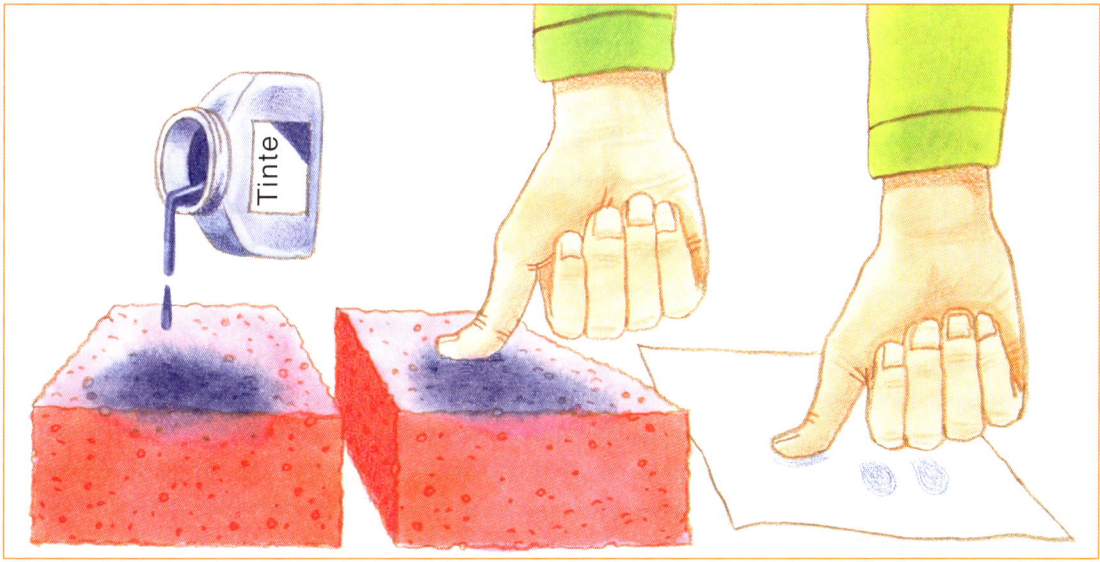

Um einen Fingerabdruck zu machen, tränkst du ein Schwämmchen oder einen dicken Lappen mit wasserlöslicher Tinte und drückst mit dem Daumen zuerst auf dieses „Stempelkissen", dann auf ein Blatt Papier.

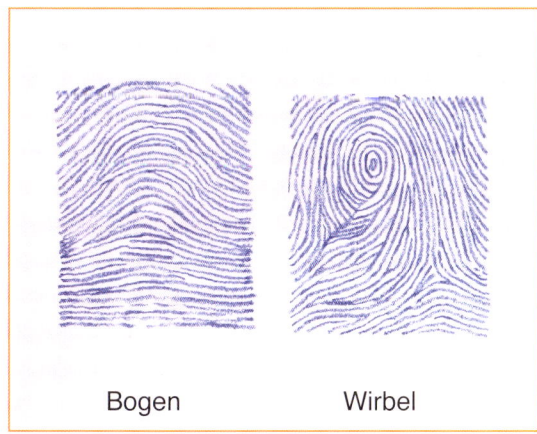

Bogen   Wirbel

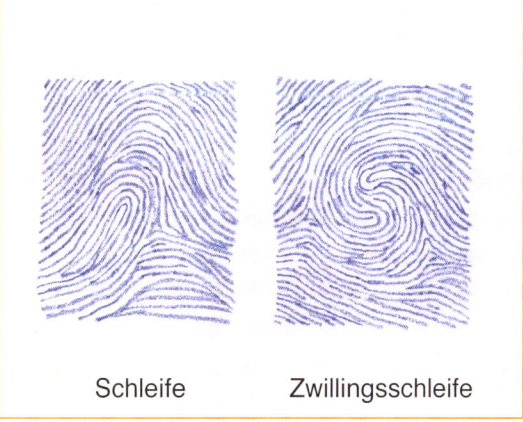

Schleife   Zwillingsschleife

Es gibt verschiedene Grundmuster, wie Bogen, Wirbel und Schleife, aber die Zahl der Linien variiert.

Wir spielen Polizei: Kannst du die Unterschiede zwischen den Fingerabdrücken erkennen?

Körpersprache

Um dich mit anderen zu unterhalten, verwendest du Wörter. Du kannst aber auch deinen Körper sprechen lassen. Man nennt das Körpersprache.

Menschen zeigen gerne ihre Freude. Auf dem Fußballplatz kannst du unterschiedliche Freudenszenen sehen. Manche Fußballer umarmen sich, andere springen in die Luft, wieder andere beginnen einen Freudentanz.

Lächeln als Zeichen der Freude ist angeboren. Alle vergnügten Menschen lächeln, auch Blinde.

Durch Weinen zeigst du, dass du traurig bist. Alle Menschen können weinen. Das ist uns angeboren.

Nicht alle Gesten sind überall verständlich. Wenn Inder mit dem Kopf wackeln, meinen sie nur „ja".

Wenn du zeigst, wie alt du bist, streckst du die Finger. In Asien knickt man sie nach innen.

Schönheitsideale

Vielleicht wünschst du dir Locken statt glatter blonder Haare. Manche Italienerin würde gerne mit dir tauschen. Nicht alle finden dasselbe schön.

Manche Kinder möchten gerne so aussehen wie ein Model. Zeitschriften und Fernsehen geben vor, was wir schön finden. Vor dem Auftritt werden die Stars frisiert und geschminkt. Im Alltag würden sie sicher nicht auffallen.

Heute gilt schlank als schön. Auf alten Kunstwerken sieht man, dass früher mollig schick war.

In Polynesien bedauert man dünne Menschen, sie gelten dort als arm. Angesehene Menschen sind rund.

Für die Schönheit verlängern die Frauen in Myanmar ihren Hals. Sie strecken ihn mit Metallreifen.

Bei den Ainu im nördlichen Japan ließen sich früher die Frauen einen Bart tätowieren, um schön zu sein.

Körperpflege und Hygiene

Dein Körper kann sich gegen viele Krankheitskeime wehren. Es ist nicht gut, wenn man alles keimfrei hält. Trotzdem ist Körperpflege wichtig.

Läuse fühlen sich in unsauberen Haaren wohl, Flöhe in ungelüfteten Betten. Fliegen lieben Essensreste.

Einmal in der Woche solltest du mindestens duschen. Deine Zähne musst du dreimal täglich putzen.

Könige und Adelige wuschen sich vor 300 Jahren nicht. Sie trugen Perücken, die sie täglich puderten.

Lepra, Pest und Cholera sind in Europa ausgestorben, seit das Wasser gereinigt wird und Straßen durch Müllabfuhr und Kanalisation sauber sind.

Die ägyptische Königin Kleopatra soll nicht schön, aber sehr geistreich und äußerst charmant gewesen sein. Von ihr erzählt man sich, dass sie jeden Tag in Eselsmilch gebadet habe, um ihre Haut zu pflegen.

Der Mann

Auf der Erde gibt es fast so viele Männer wie Frauen. Auch bei den meisten Tieren und Pflanzen gibt es zwei Geschlechter.

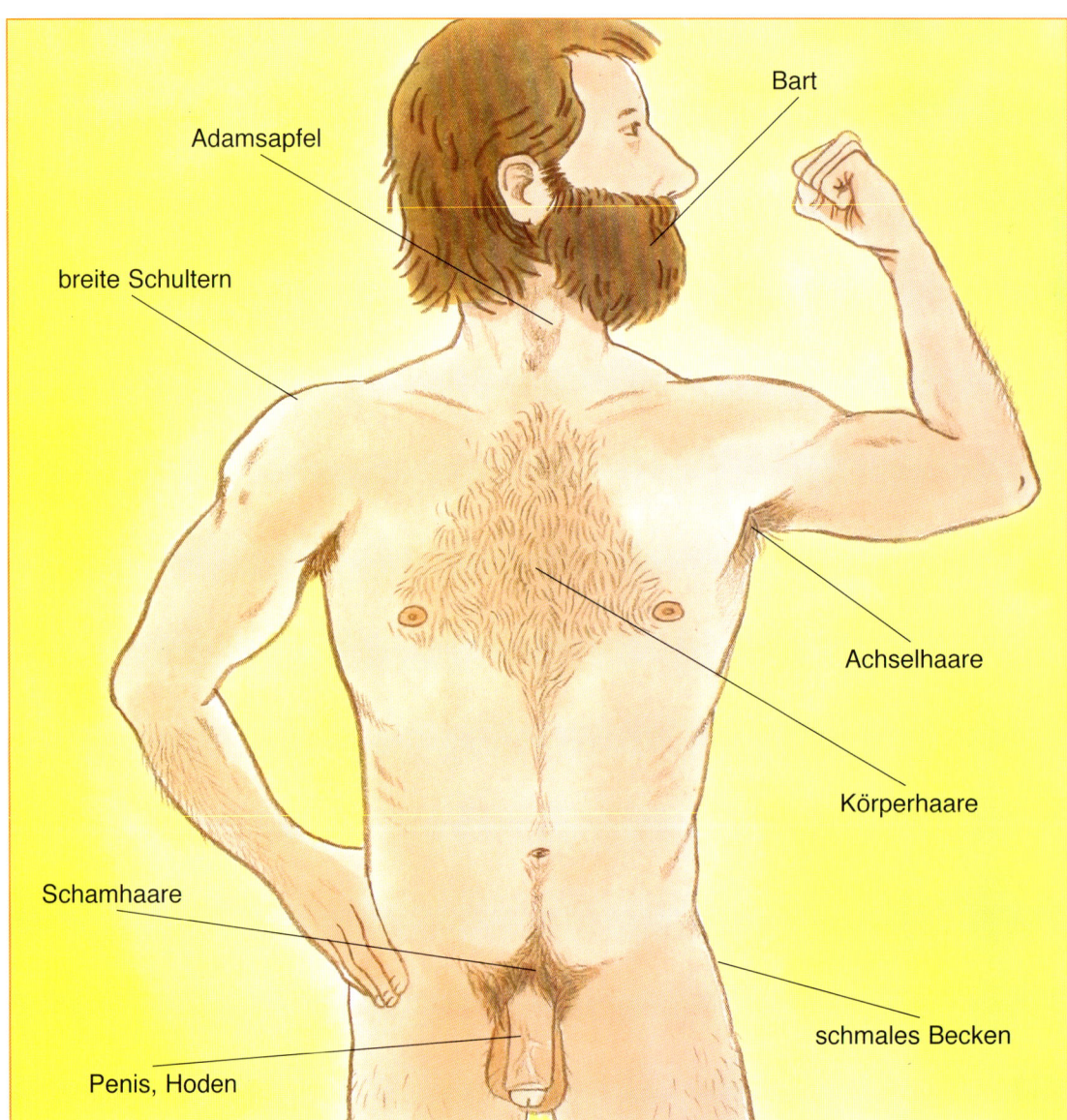

Männer haben breite Schultern und schmale Hüften. Ihre Stimme ist tiefer als bei Frauen, ihr Adamsapfel springt stärker vor. Die Geschlechtsorgane liegen teils außerhalb des Körpers. Nicht alle haben eine behaarte Brust.

12

Vor 100 Jahren waren in der Familie die Rollen klar verteilt. Die Mutter sorgte sich um die Kinder, der Vater verdiente das Geld für die Familie.

Heute teilen sich viele Eltern die Erziehung. Immer mehr Väter von kleinen Kindern nehmen Erziehungsurlaub oder wechseln sich mit der Mutter ab. Sie wollen die Kinder nicht nur am Wochenende und abends sehen.

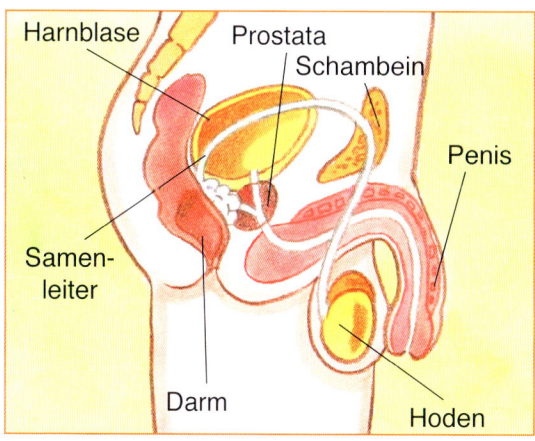

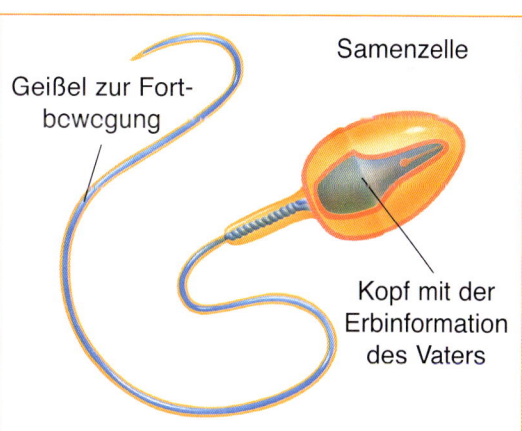

Jungen erkennt man an ihrem Penis. Erst der erwachsene Mann kann Kinder zeugen.

Beim Geschlechtsverkehr gelangt der Samen vom Hoden durch den Penis in die Scheide der Frau.

13

Die Frau

Im Gegensatz zu Männern können Frauen Kinder zur Welt bringen.
Ihr Körper ist darauf vorbereitet: Schwangerschaft ist keine Krankheit.

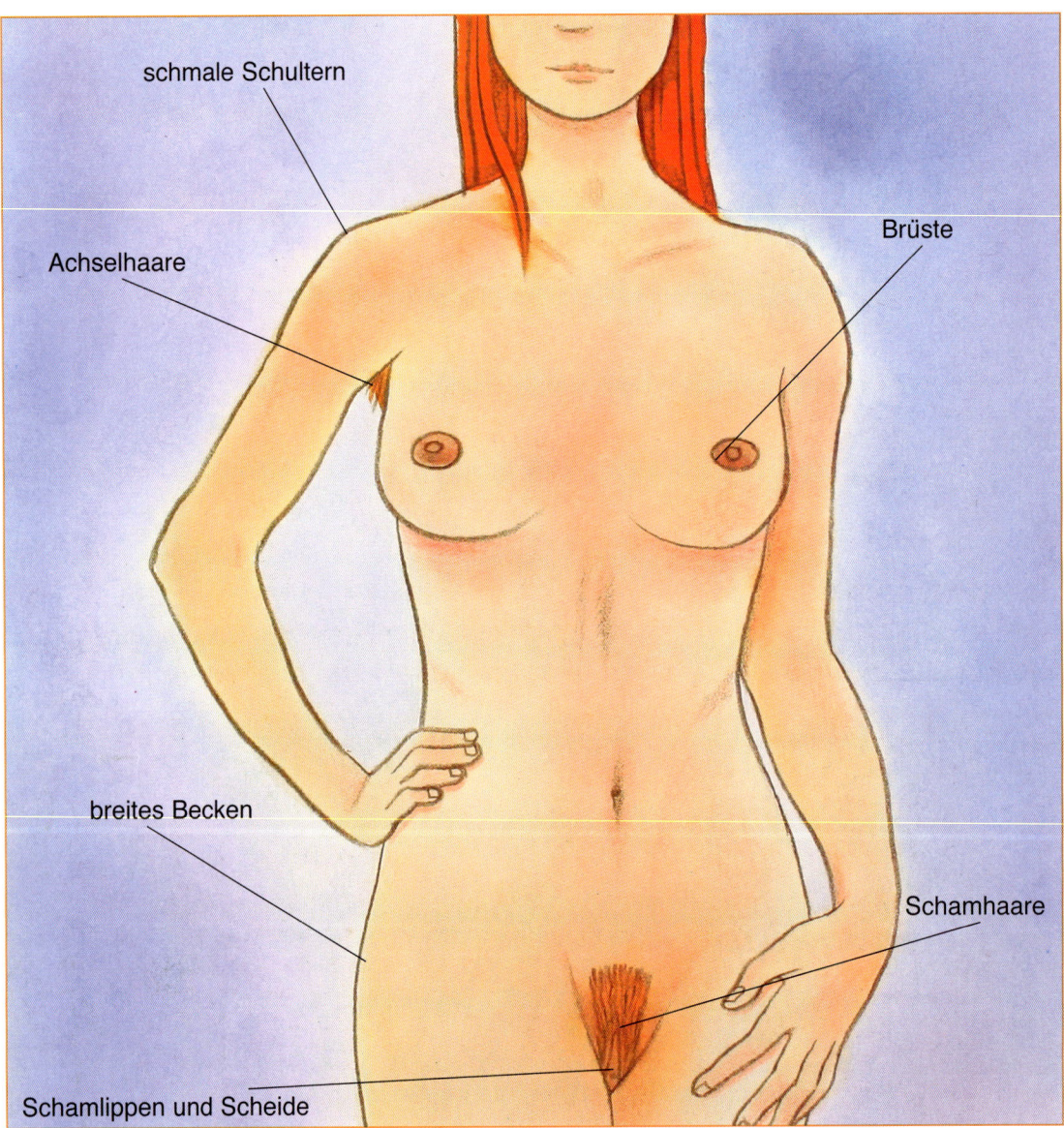

schmale Schultern

Brüste

Achselhaare

breites Becken

Schamhaare

Schamlippen und Scheide

Frauen haben ein breiteres Becken und schmalere Schultern als Männer.
In den Milchdrüsen der Brüste wird die Milch für den Säugling hergestellt,
solange die Mutter stillt. Frauen sind im Schnitt kleiner als Männer.

In manchen Berufen arbeiten mehr Frauen als Männer. In Pflegeheimen, Grundschulen und Kindergärten sind die meisten Beschäftigten Frauen.

Viele Frauen arbeiten heute auch in Berufen, die früher nur von Männern ausgeübt wurden: als Busfahrerin, Pilotin, Bauingenieurin, Feuerwehrfrau, Managerin oder Politikerin. Mehr Frauen als Männer machen Abitur.

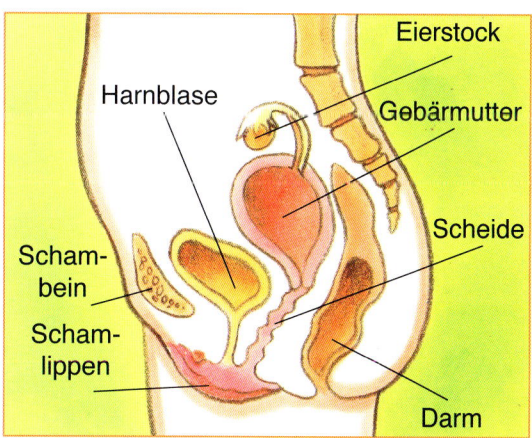

Manche Frauen entscheiden sich auch heute dafür, nur für die Kinder und den Haushalt da zu sein.

Die Geschlechtsorgane der Frau sind im Körper verborgen. Die Schamlippen schützen die Scheide.

Erotik und Sexualität

Bist du verliebt, kribbelt es im Bauch. Du findest jede Berührung aufregend und freust dich den ganzen Tag über auf einen Anruf. Du bist glücklich.

Liebende empfinden Küsse als sehr erotisch. Ihre Lippen und Zungenspitzen berühren sich zärtlich.

Die meisten Männer lieben Frauen, manche lieben jedoch Männer. Man spricht dann von Homosexualität.

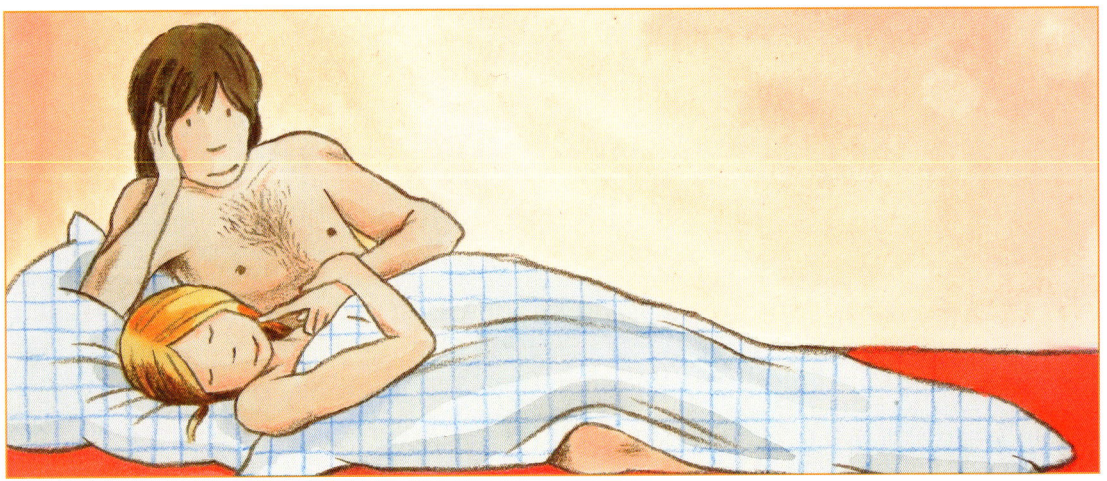

Menschen, die sich lieben, genießen ihre Sexualität. Sie spüren die Zärtlichkeit und die Wärme des anderen Körpers. Beim Geschlechtsverkehr führt der Mann seinen Penis in die Scheide der Frau ein.

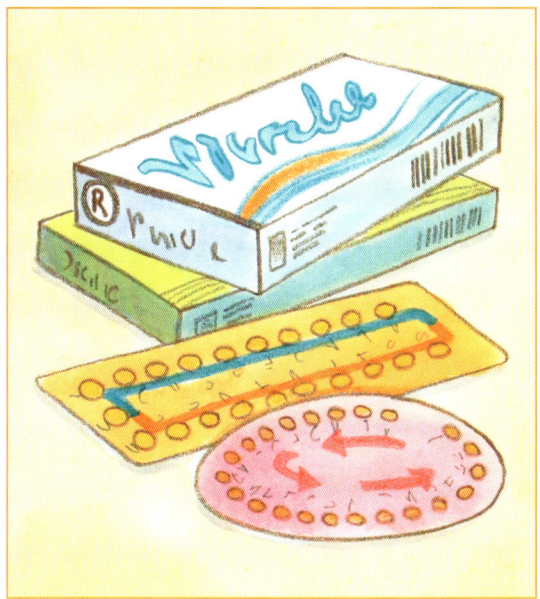

Nach einem Geschlechtsverkehr
kann die Frau schwanger werden.
Mit der Pille verhindert man das.

Viele Männer verwenden Kondome.
Sie schützen vor Krankheiten und
ungewollter Schwangerschaft.

Paare mit Kinderwunsch errechnen
die fruchtbaren Tage für den
Geschlechtsverkehr.

Dazu untersucht die Frau ihren
Scheidenschleim und misst jeden
Tag die Körpertemperatur.

Befruchtung und Teilung der Eizelle

Ein Kind entsteht, wenn eine Samenzelle des Mannes die Eizelle der Frau befruchtet. Diese Eizelle kannst du nicht mit bloßem Auge sehen.

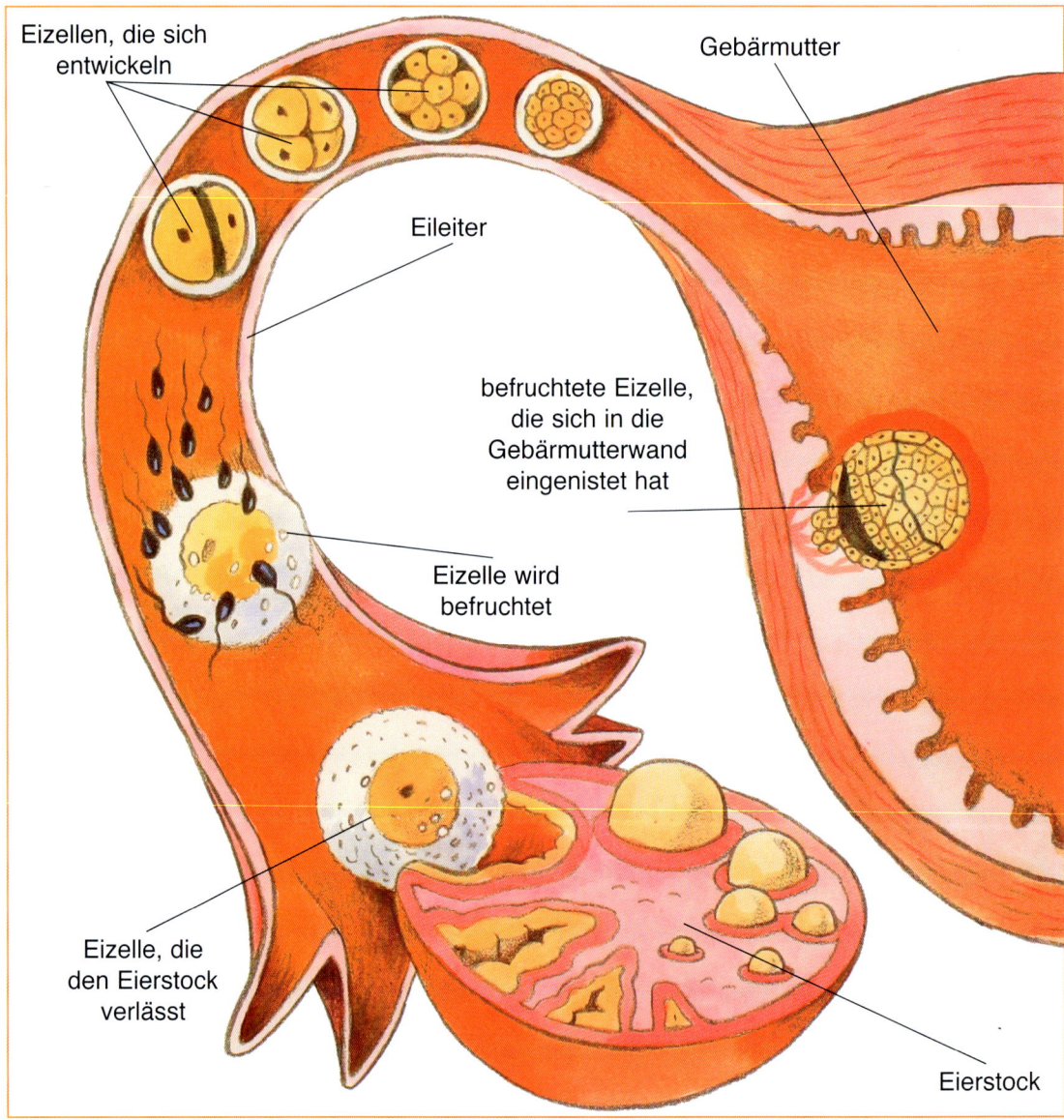

Eizellen, die sich entwickeln

Gebärmutter

Eileiter

befruchtete Eizelle, die sich in die Gebärmutterwand eingenistet hat

Eizelle wird befruchtet

Eizelle, die den Eierstock verlässt

Eierstock

Jeden Monat reift in den Eierstöcken der Frau eine Eizelle heran. Sie wandert durch den Eileiter in die Gebärmutter. Wird sie dort von einer Samenzelle befruchtet, nistet sie sich in die Schleimhaut der Gebärmutter ein.

Die Samenzellen sehen unter dem Mikroskop aus wie Kaulquappen. Beim Geschlechtsverkehr spritzt der Mann sie in den Körper der Frau.

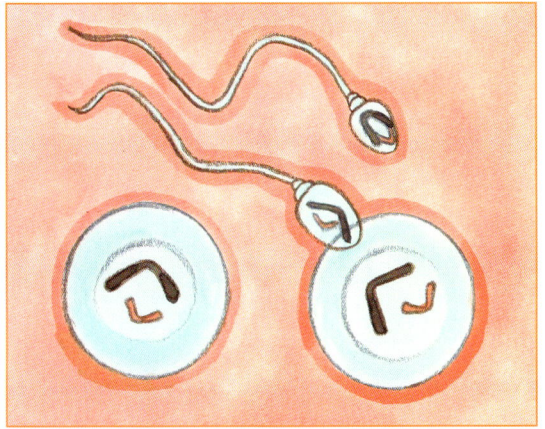

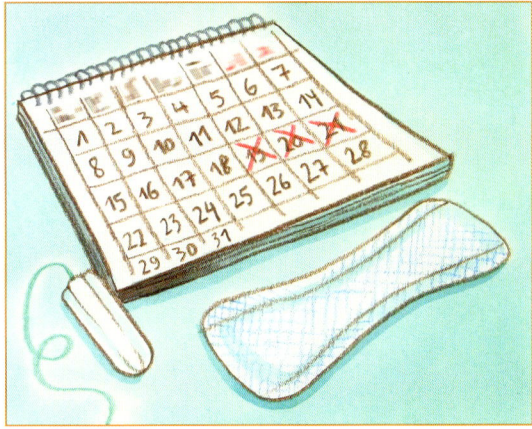

Die Samenzellen schwimmen zur Eizelle hin. Die schnellste gewinnt. Sie dringt in die Eizelle ein.

Hat sich in der Gebärmutter keine Eizelle eingenistet, setzt nach etwa 28 Tagen die Monatsblutung ein.

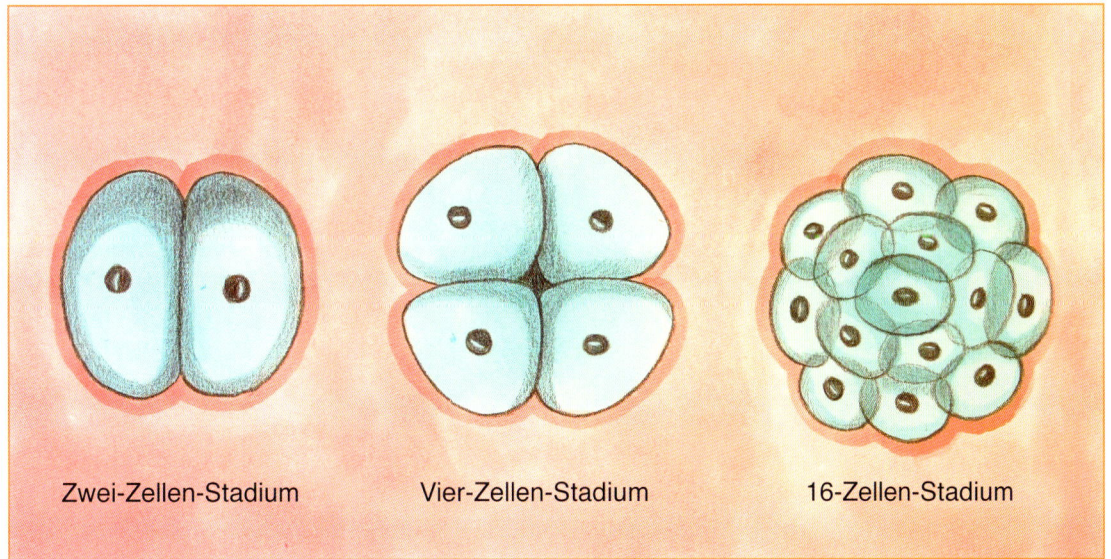

Zwei-Zellen-Stadium   Vier-Zellen-Stadium   16-Zellen-Stadium

Sobald die Samenzelle in die Eizelle eingedrungen ist, ist diese befruchtet. Die Eizelle teilt sich nun immer wieder, bis sie wie eine Himbeere aussieht: Aus einer Zelle werden zwei, vier, dann 16 Zellen.

Zwillinge

Meist haben ungeborene Kinder den Bauch der Mutter für sich allein. Gelegentlich aber müssen sie ihn mit Geschwistern teilen.

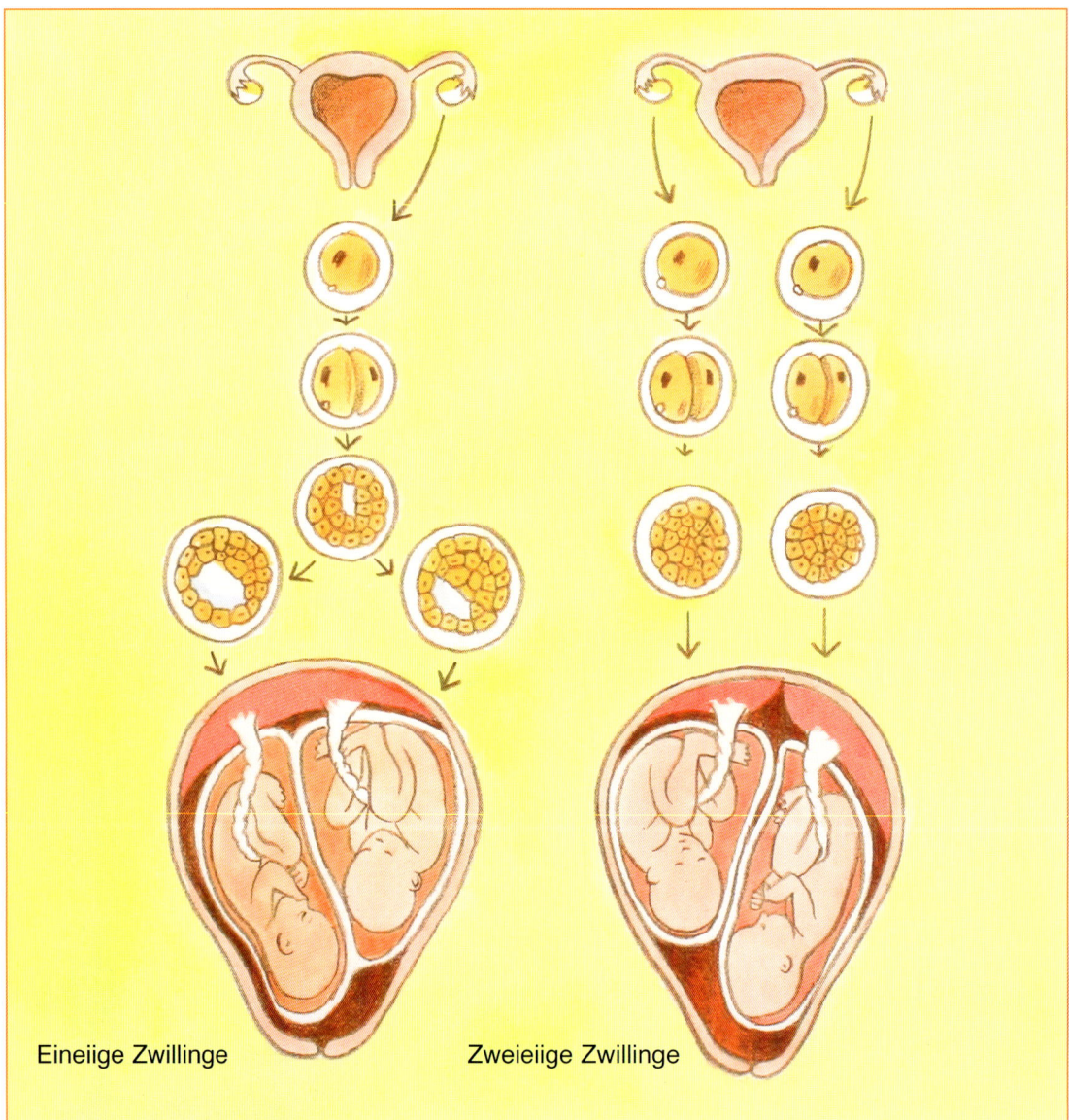

Eineiige Zwillinge   Zweieiige Zwillinge

Eineiige Zwillinge entstehen aus einer einzigen Eizelle, die von einer einzigen Samenzelle befruchtet wurde. Sie besitzen dieselbe Erbinformation. Zweieiige Zwillinge entstehen aus zwei Eizellen.

Manche eineiigen Zwillinge wachsen getrennt auf. Sie zeigen dennoch große Ähnlichkeiten in ihrem Verhalten. Diese nennen wir angeboren.

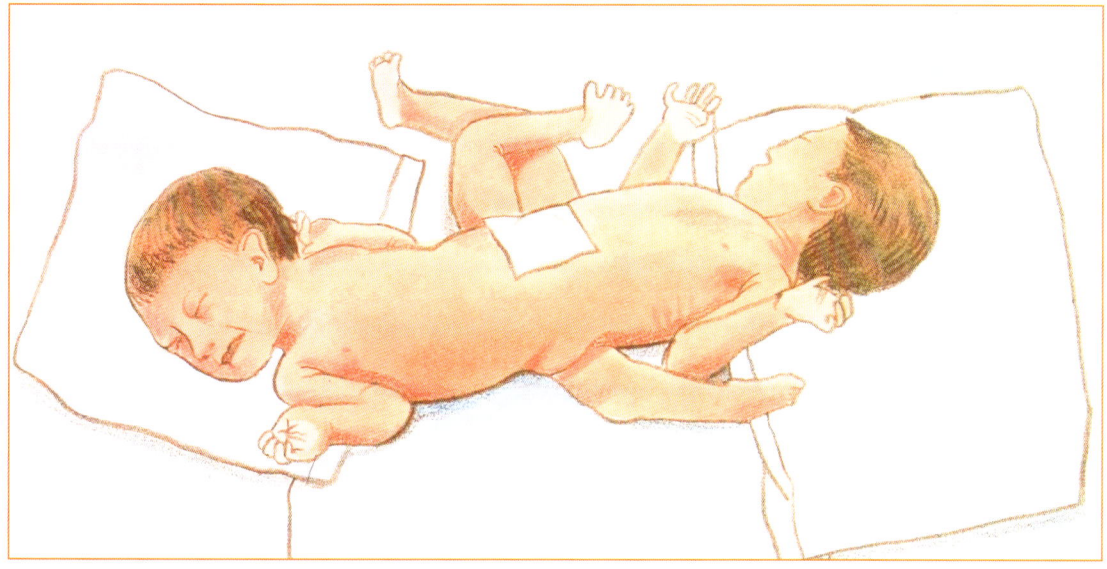

Siamesische Zwillinge sind aneinander gewachsen. Man kann sie nur dann erfolgreich trennen, wenn alle wichtigen Organe doppelt vorhanden sind. Es gab sogar verheiratete siamesische Zwillinge.

Eineiige Zwillinge haben das gleiche Geschlecht und sehen einander sehr ähnlich.

Zweieiige Zwillinge können Junge und Mädchen sein. Sie ähneln sich nicht mehr als andere Geschwister.

Vererbung

Die Zellen des Kindes bekommen alle Informationen von der Samenzelle des Vaters und der Eizelle der Mutter. Die Informationsträger heißen Gene.

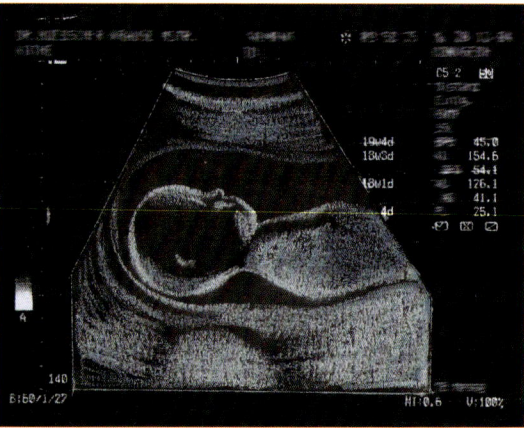

Kinder mit Trisomie 21 haben ein Chromosom zu viel. Die Chromosomen enthalten die Gene.

Beim Ultraschall dringen Töne, die du nicht hörst, in den Körper ein. Aus dem Echo entsteht ein Bild.

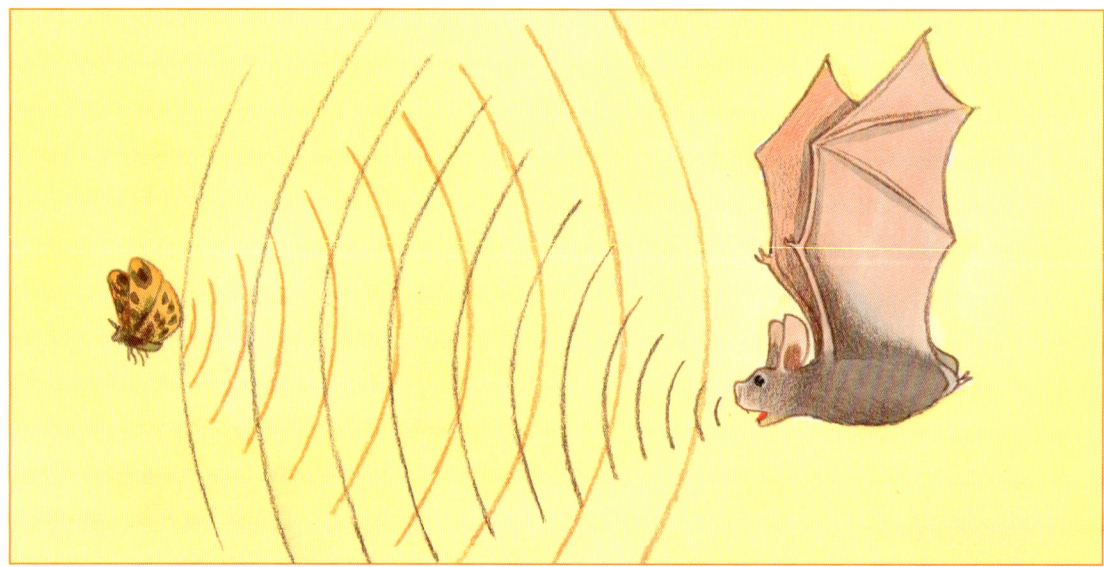

Während einer Schwangerschaft kann der Arzt durch eine Ultraschalluntersuchung feststellen, ob sich das Kind gesund entwickelt. Der Ultraschall funktioniert ähnlich wie das System, mit dem Fledermäuse Falter orten.

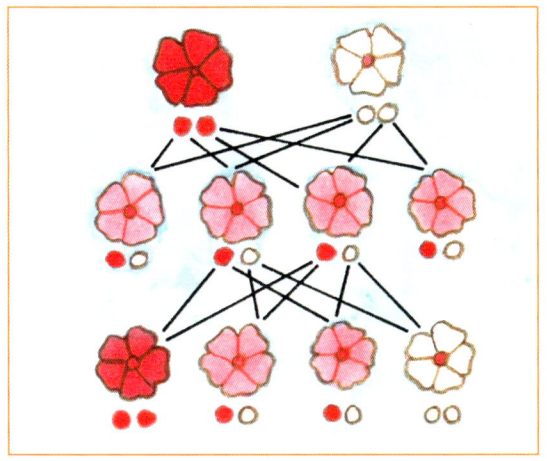

Von den Nachkommen einer roten und weißen Wunderblume sind ein Viertel rot und ein Viertel weiß.

Haben Vater und Mutter braune Augen, können die Kinder entweder blaue oder braune Augen haben.

Entwicklung von Embryo und Fetus

Eine Schwangerschaft dauert im Durchschnitt 267 Tage. Wenn du also am 18. Mai geboren bist, wurdest du in der zweiten Augusthälfte gezeugt.

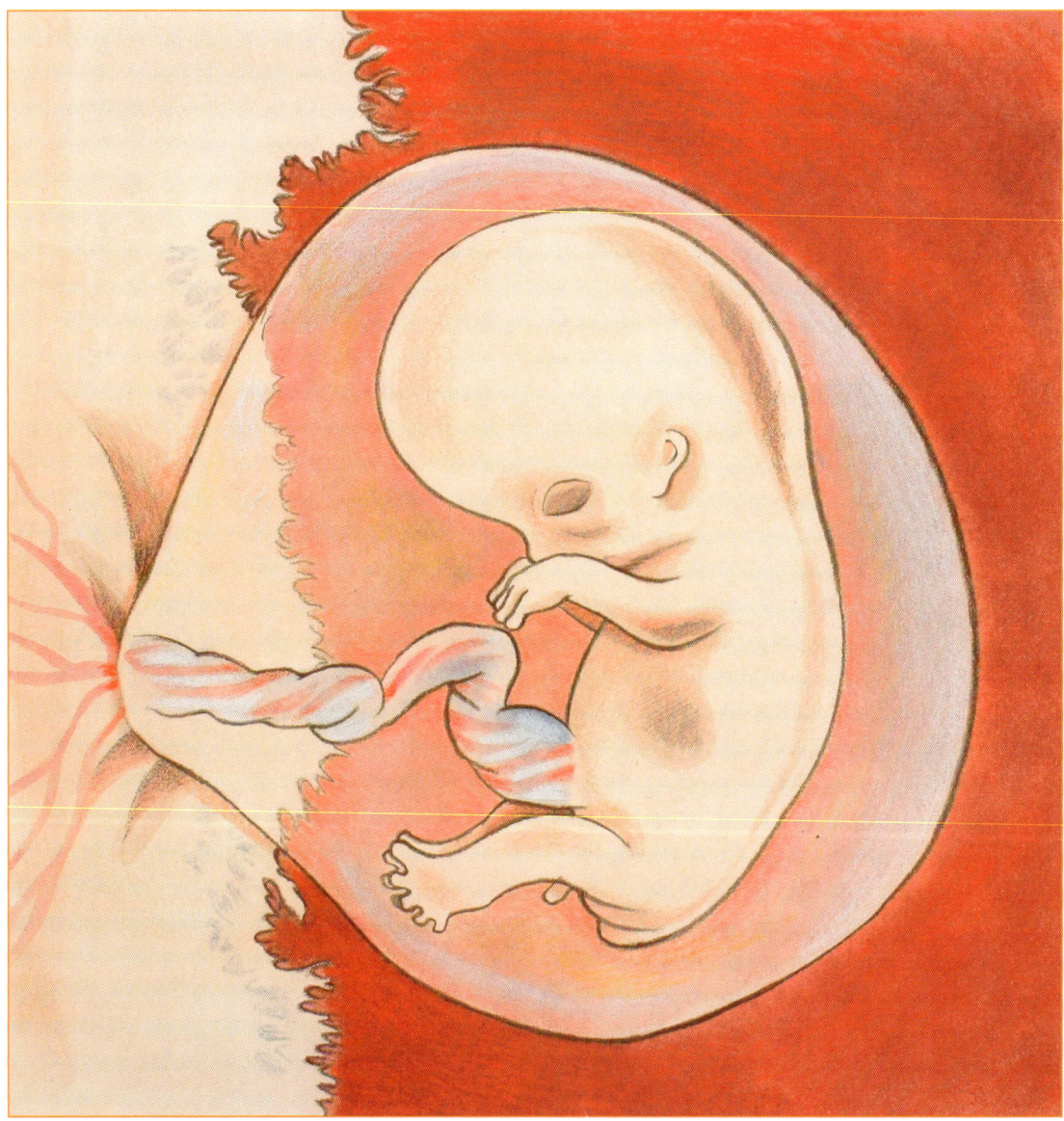

Bis zur achten Schwangerschaftswoche heißt der werdende Mensch Embryo, danach Fetus. Er ist dann etwa drei Zentimeter lang und drei Gramm schwer. Man kann schon Ärmchen und Beinchen erkennen.

Der Fetus liegt in einer mit Fruchtwasser gefüllten Blase. Er ist durch die Nabelschnur mit der Plazenta der Mutter verbunden.

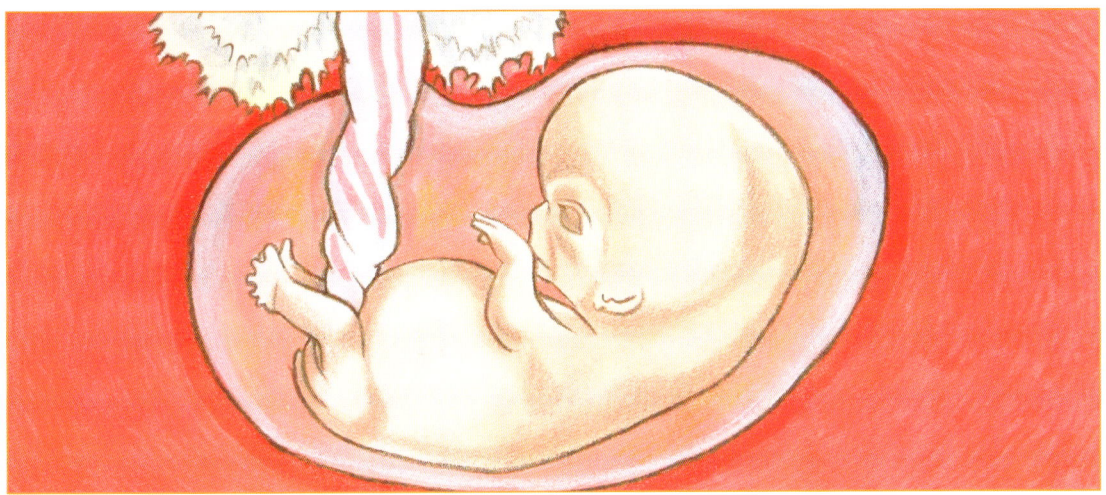

Die Plazenta wird auch Mutterkuchen genannt. Sie ernährt das werdende Kind, denn das kann im Bauch ja noch keinen Brei verdrücken. Die Plazenta wiegt voll ausgebildet bis zu 500 Gramm. Sie ist gut durchblutet.

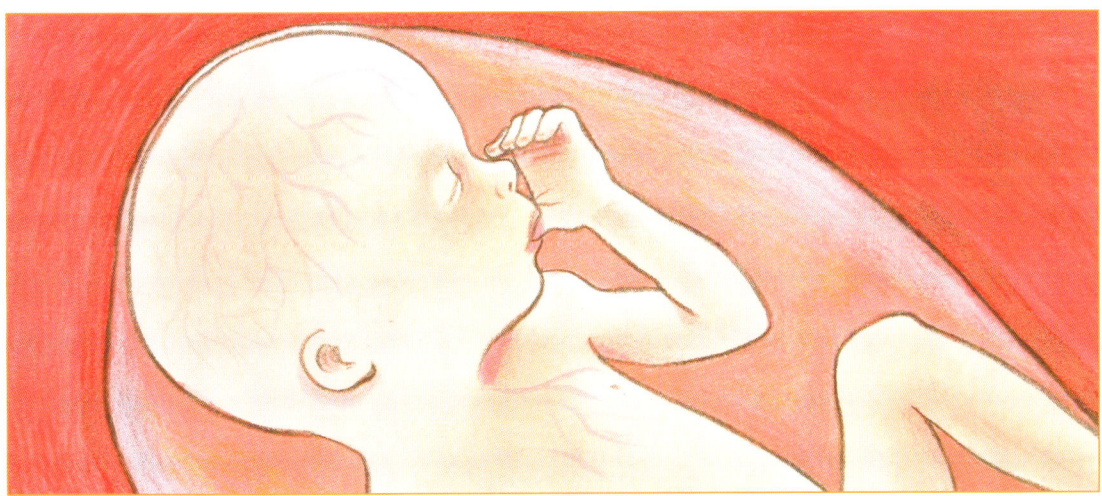

Nach dem vierten Monat wiegt das werdende Kind noch immer nur 130 Gramm. Man kann Augen, Ohren, Nase und Mund schon deutlich erkennen. An den Fingern sind schon winzige Nägel.

Geburt

Das Kind wird meist mit dem Kopf voran geboren. Die Hebamme fängt es auf, bindet die Nabelschnur ab und legt es der Mutter auf den Bauch.

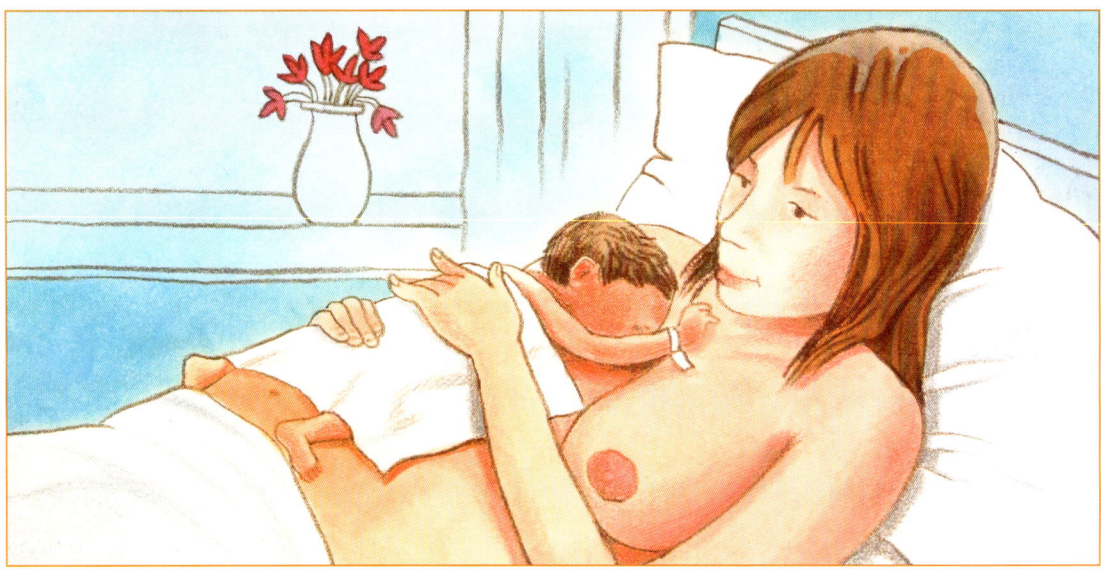

Beim ersten Schrei füllen sich die Lungen des Kindes erstmals mit Luft. Nach der Geburt können sich Mutter und Vater ihr Neugeborenes ansehen. Es atmet und trinkt nun selbst. Die Nabelschnur ist durchtrennt.

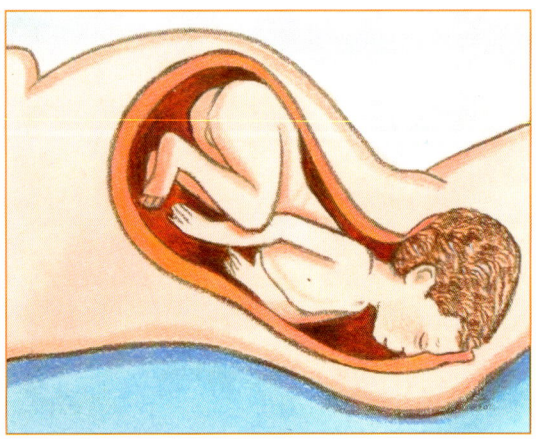

Vor der Geburt bekommt die Frau Wehen. Der Gebärmutterhals weitet sich, damit der Kopf durchpasst.

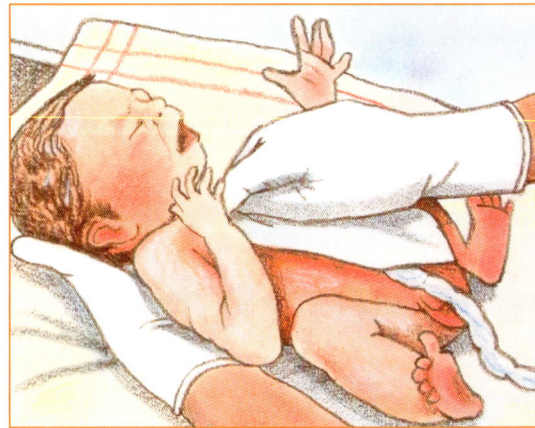

Über den ersten Schrei ihres Neugeborenen freuen sich die Eltern ganz besonders.

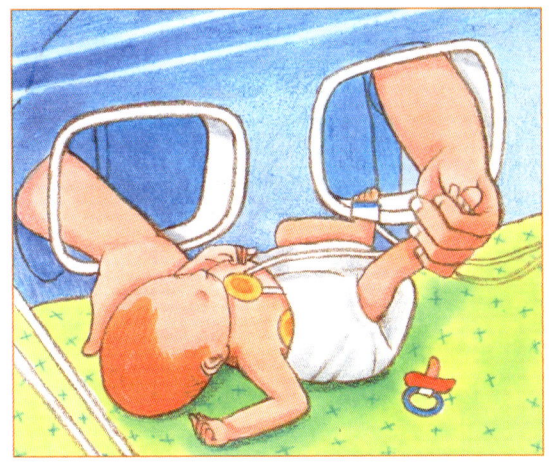

Kinder, die zu früh geboren sind, werden in einem Brutkasten vor Kälte und Krankheiten geschützt.

Mit gekreuzten Armen und Beinen, den Kopf nach unten, liegt das Kind vor der Geburt in der Gebärmutter.

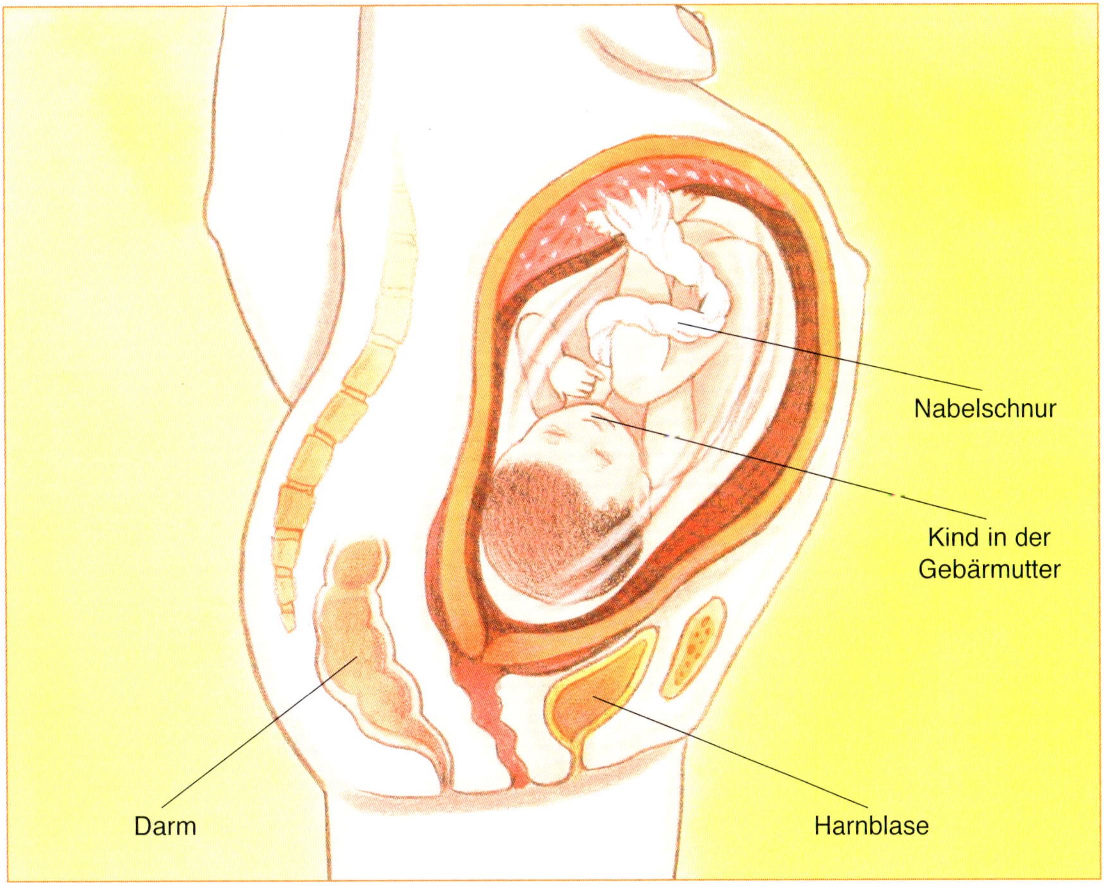

Nabelschnur

Kind in der Gebärmutter

Darm

Harnblase

Entwicklung des Kindes

Manche Tiere sind von ihrer ersten Lebensminute an selbstständig. Menschenkinder sind in ihren ersten Jahren ganz auf die Eltern angewiesen.

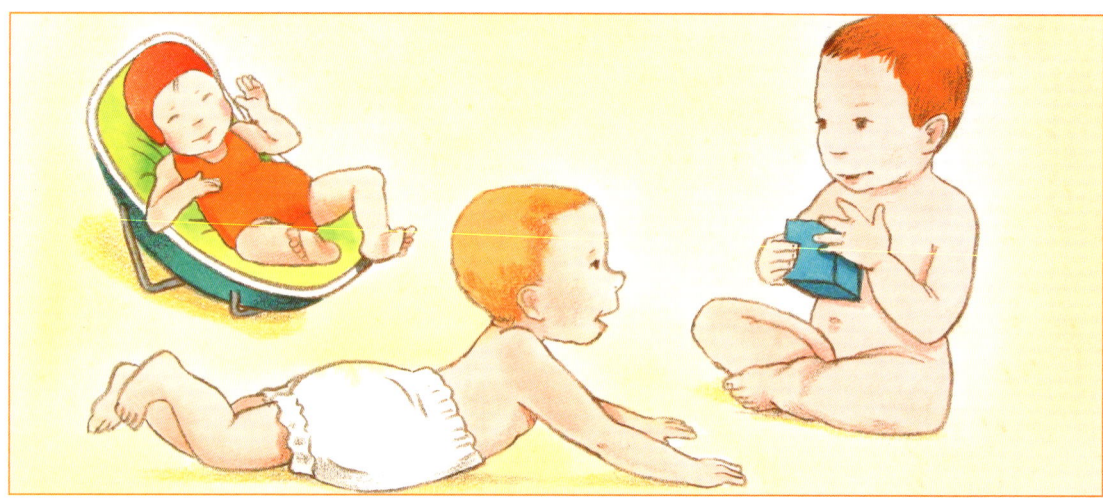

Nach etwa zwei Monaten lächelt das Baby zum ersten Mal. Erst mit sechs Monaten kann es sich auf den Händen aufstützen und den Kopf anheben. Im neunten Monat lernt es, ohne Hilfe zu sitzen.

Mit elf Monaten krabbeln Babys auf Händen und Knien. Nach einem Jahr etwa beginnen sie selbstständig zu gehen, ohne sich an Gegenständen festhalten zu müssen. Natürlich ist ihr Gang noch sehr unsicher.

Ein Kitz kann sofort nach der Geburt laufen. Es ist ein Nestflüchter. Wir Menschen sind Nesthocker. Erst nach vielen Jahren sind wir selbstständig.

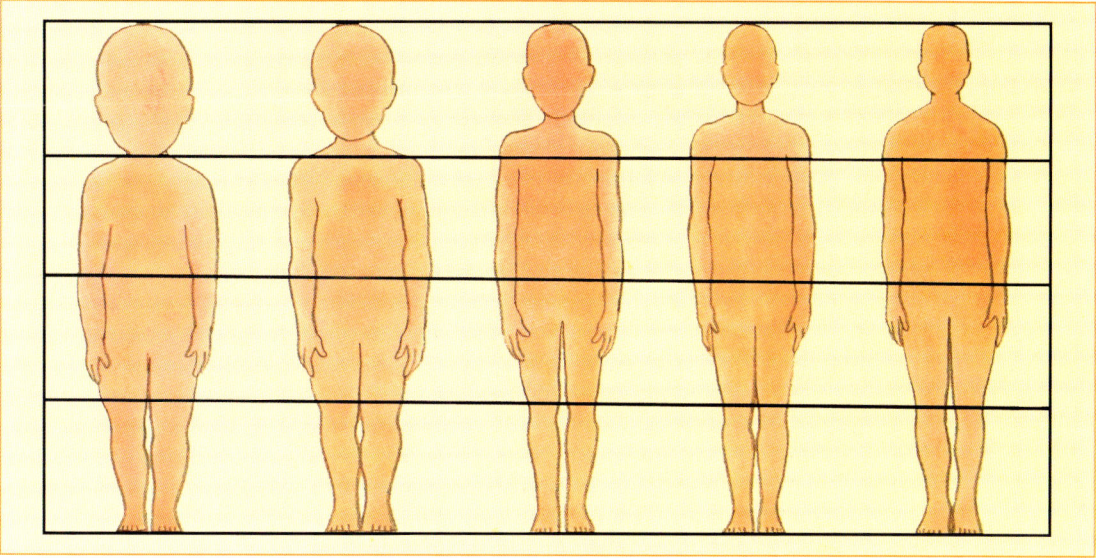

Hier siehst du, wie sich das Längenverhältnis von Kopf zu Körper mit zunehmendem Alter ändert: Bei einem Neugeborenen ist der Kopf im Verhältnis zum Rest des Körpers doppelt so groß wie beim Erwachsenen.

Große Augen, Stupsnase und rundes Gesicht lösen bei Menschen und Tieren zärtliche Gefühle aus.

Babys packen mit der ganzen Hand zu. Ab dem zehnten Monat greifen sie mit Daumen und Zeigefinger.

Pubertät

Der Übergang vom Kind zum Erwachsenen heißt Pubertät. Diese schwierige Zeit beginnt bei Mädchen etwa mit elf, bei Jungen mit 13 Jahren.

In der Pubertät verändert sich der Körper. Bei Mädchen vergrößern sich die Brüste, bei den Jungen erst die Hoden, dann der Penis. Jungen haben den ersten Samenerguss, Mädchen die erste Regelblutung.

Viele Jungen und Mädchen sind in der Pubertät unzufrieden mit ihrem Körper. Viele bekommen Pickel.

Viele Jugendliche schwärmen erst für Stars, ehe sie sich in jemanden aus ihrer Umgebung verlieben.

Der Charakter ändert sich. Pubertierende fühlen sich schnell missverstanden und werden wütend.

Die Eltern werden in der Pubertät unwichtiger, gleichaltrige Freunde und Freundinnen dafür wichtiger.

Alter

Heute in Deutschland geborene Jungen werden im Schnitt 77 Jahre alt, die Mädchen 81. Man spricht von der durchschnittlichen Lebenserwartung.

Unser Körper verändert sich im Laufe des Lebens. Die Haut wird faltiger, die Haare grau oder weiß.

Bei Männern fallen sie oft aus. Knochen brechen im Alter schneller. Die Bilder zeigen Einstein jung und alt.

In vielen Ländern leben die Großeltern mit in der Familie und kümmern sich um die Enkel. Die Kinder erfahren von ihnen viel über das Leben in früheren Zeiten. In Deutschland werden solche Familien immer seltener.

Albrecht Dürer zeichnete 1514 seine Mutter. Damals war sie mit 62 Jahren eine sehr alte Frau.

In Asien leben viele Menschen, die älter sind als 100 Jahre. Auch bei uns werden manche uralt.

Frage der Sphinx an Ödipus: „Was geht am Morgen auf vier, am Mittag auf zwei und am Abend auf drei Füßen?"

Antwort: „Der Mensch. Als Kind auf allen vieren, als Erwachsener auf zwei Beinen, im Alter mit Stock."

Menschheitsentwicklung

Die ersten Bewohner der Erde waren Einzeller. Daraus entwickelten sich Fische, später Landtiere und vor etwa 100 000 Jahren der heutige Mensch.

Vor 20 Millionen Jahren gingen in Afrika die Wälder zurück. Einige Affenarten passten sich dem Leben auf dem Boden an. Der Proconsul konnte schon auf den Hinterbeinen gehen und sich so besser umsehen.

Immer wieder finden Forscher bei Ausgrabungen versteinerte Skelettreste und sammeln Wissen über die Vorfahren des Menschen.

Meist finden die Wissenschaftler nur Knochen und können nicht sagen, wie Haut, Haare oder Organe der Vormenschen ausgesehen haben. Die Urmenschen auf Bildern müssen nicht so ausgesehen haben.

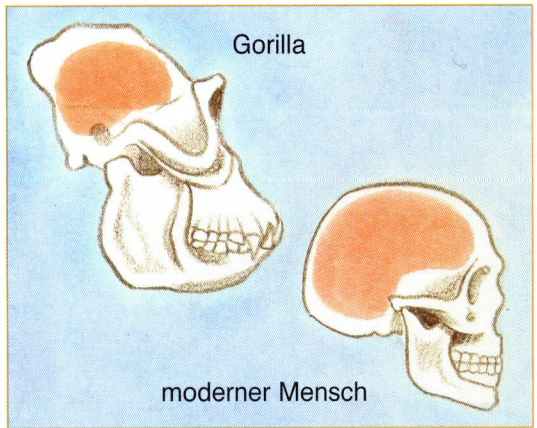

Gorilla

moderner Mensch

Der Neandertaler war kein direkter Vorfahr von uns. In Deutschland fand man erstmals dessen Schädel.

Der moderne Mensch besitzt ein größeres Gehirn als der Gorilla und die ersten Vormenschen.

Tod

In früheren Jahrhunderten war den Menschen bewusst, dass sie jederzeit sterben können. Im Mittelalter starben schon junge Menschen an der Pest.

Gemälde und Reliefs mit tanzenden Lebenden und Toten erinnerten die Menschen daran, sich auf ihr Ende vorzubereiten. Sie wollten gerne im Beisein ihrer Kinder sterben und vor dem Tod mit jedem im Reinen sein.

Heute sterben viele Menschen in der Klinik. Dort kämpft man oft bis zuletzt um das Leben des Kranken.

Die Mexikaner feiern jedes Jahr ein Totenfest. Es gibt dann Schädel und Skelette aus Zucker zum Naschen.

Der Bau des Körpers

Skelett

Insekten haben ein Außenskelett. Die stützende harte Hülle liegt bei ihnen außen. Vögel, Schlangen, Fische und alle Säuger haben ein Innenskelett.

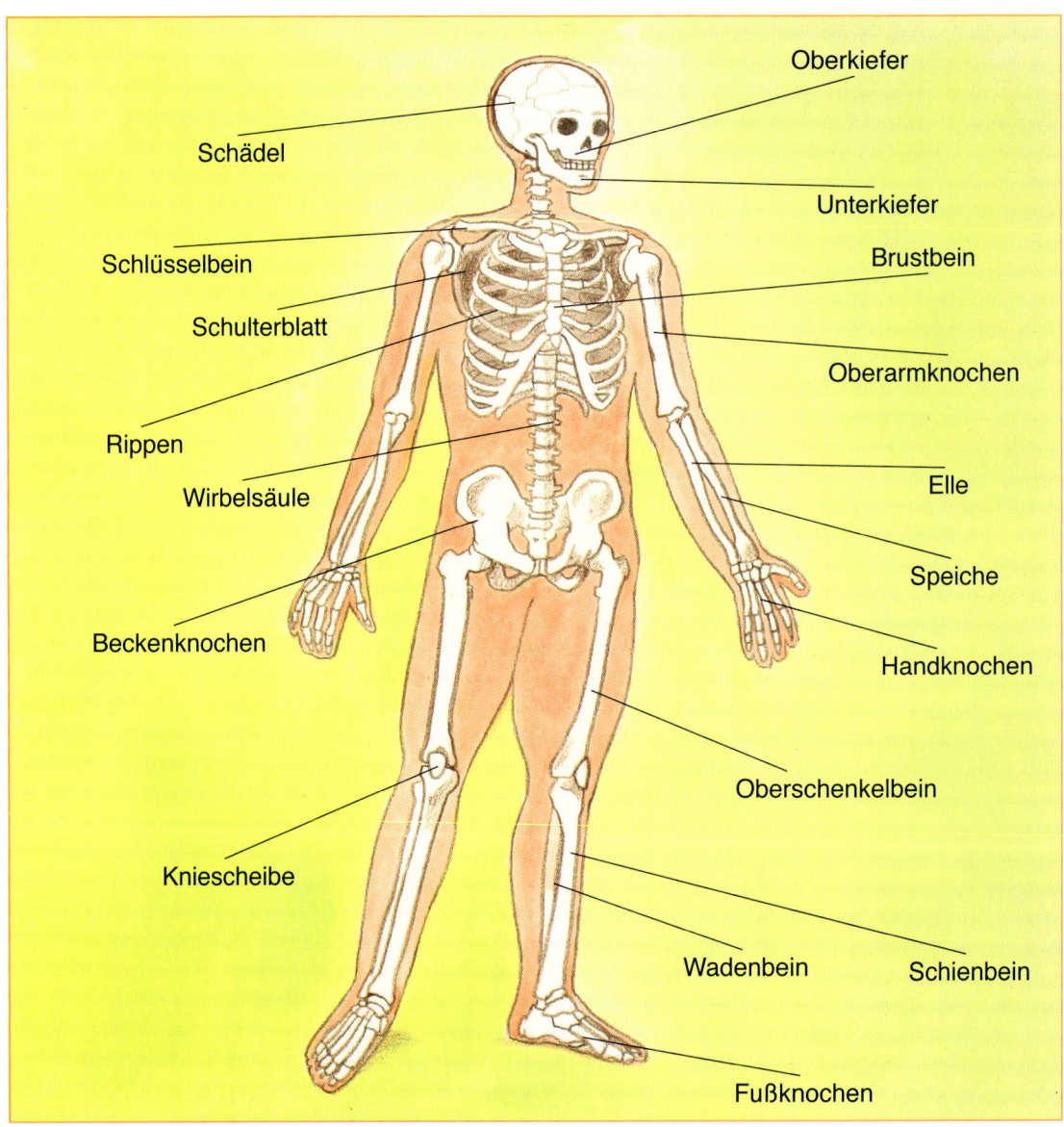

Oberkiefer

Schädel

Unterkiefer

Schlüsselbein

Brustbein

Schulterblatt

Oberarmknochen

Rippen

Wirbelsäule

Elle

Speiche

Beckenknochen

Handknochen

Oberschenkelbein

Kniescheibe

Wadenbein

Schienbein

Fußknochen

Das Skelett besteht aus Knochen. Die sind zwar hart, aber nicht fest miteinander verbunden. Du kannst deinen Rücken rund machen und wieder strecken, weil deine Wirbelsäule aus einzelnen Wirbeln besteht.

Auch deine Arme und Beine sind durch Gelenke beweglich: Eine Kugel läuft in einer Schale wie bei der schwenkbaren Antenne deines Radios.

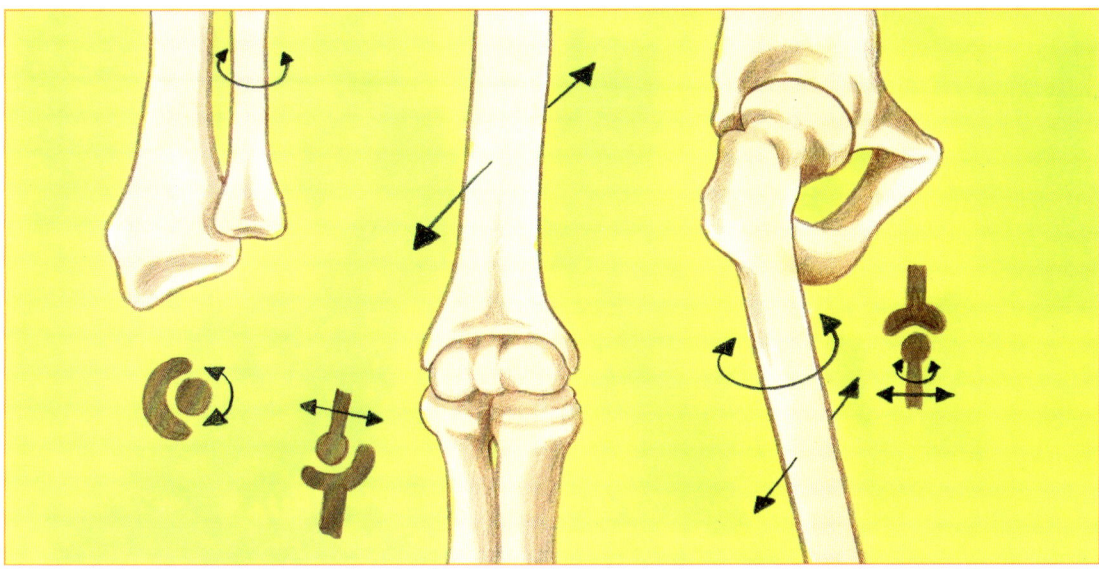

Die Knochenenden sind mit einer Knorpelschicht gepolstert, die Reibung verhindert. Zwischen den Knochen im Gelenk befindet sich eine weiche Masse, die als Schmiermittel dient und Bewegungen ermöglicht.

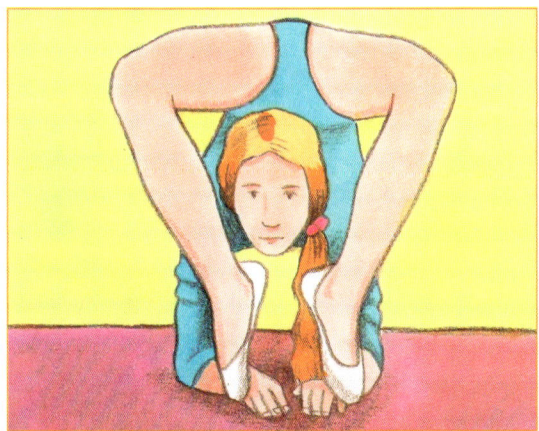

Manche Menschen sind beweglicher als andere, Kinder sind viel beweglicher als alte Leute.

Wenn Menschen ganz riesig werden oder ganz klein bleiben, liegt das oft an der Schilddrüse.

Knochen

Knochen bestehen zu einem großen Teil aus Kalzium. Dieser wichtige Stoff ist in Milch enthalten. Deswegen sollten Kinder viel Milch trinken.

Wenn du hingefallen bist und deinen Arm nicht mehr bewegen kannst, macht man ein Röntgenbild. Darauf kann der Arzt sehen, ob ein Knochen gebrochen ist. Dann wird der Arm eingegipst und kann ruhig gestellt heilen.

Bei Kindern sind die Knochen noch klein und elastisch. Sie werden beim Wachsen dicker, länger, fester und härter.

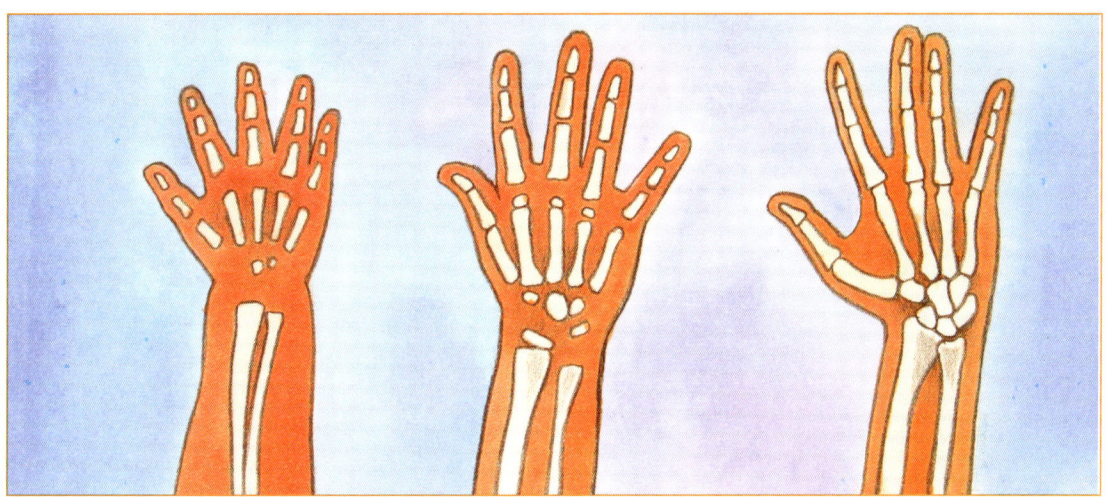

Auf einem Röntgenbild sieht man, wie nahe die Knochen schon beieinander liegen. Am Abstand zwischen den Knochen kann der Arzt abschätzen, wie viele Zentimeter du wohl noch wachsen wirst.

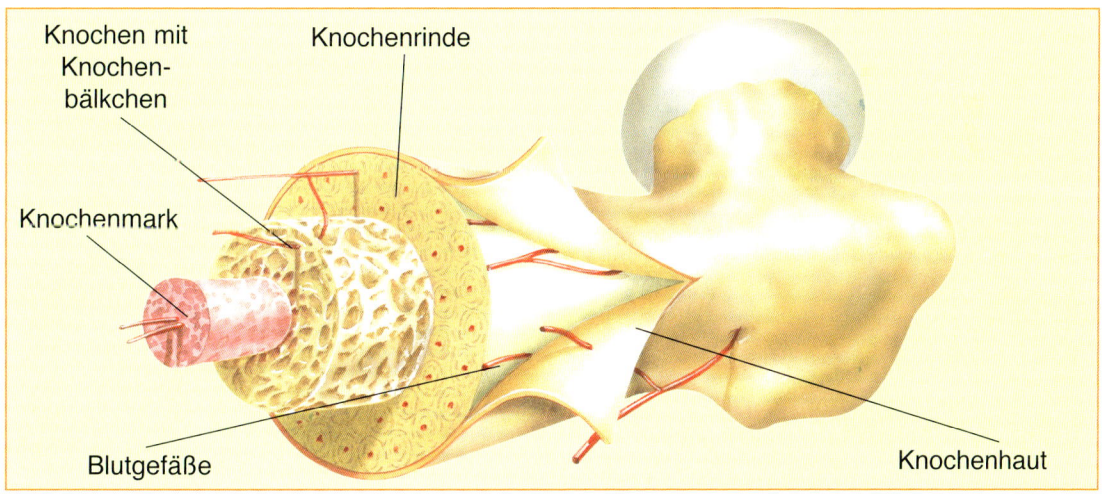

Knochen mit Knochenbälkchen

Knochenrinde

Knochenmark

Blutgefäße

Knochenhaut

Knochen sind lebendig. Sie enthalten Blutgefäße, die den Knochen mit Nährstoffen versorgen. Im Knochen und vor allem in der Knochenhaut liegen auch Nerven. Deshalb tut ein Tritt ans Schienbein so weh!

41

Wirbelsäule

Viele Kinder sitzen nach vorne oder zur Seite gebeugt. Das schadet ihrer Wirbelsäule. Diese ist noch sehr biegsam und verkrümmt sich dadurch.

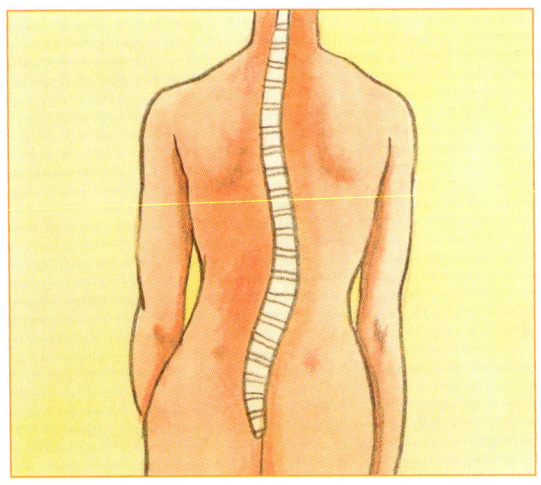

Bei Skoliose ist die Wirbelsäule zur Seite gekrümmt. Dagegen hilft dir viel Rückenschwimmen.

Du solltest den Stuhl so weit an den Tisch ziehen, dass du mit geradem Oberkörper alles erreichen kannst.

Am besten ist es, wenn dein Schreibtischstuhl höhenverstellbar ist. Deine Füße sollten auf dem Boden stehen. Die Knie müssen senkrecht über den Füßen liegen. Noch wichtiger ist, dass du öfter aufstehst und dich streckst.

Die Wirbelsäule ist unsere Stütze. Sie besteht aus einzelnen Wirbeln, die gegeneinander beweglich sind. Du kannst dich bücken und drehen.

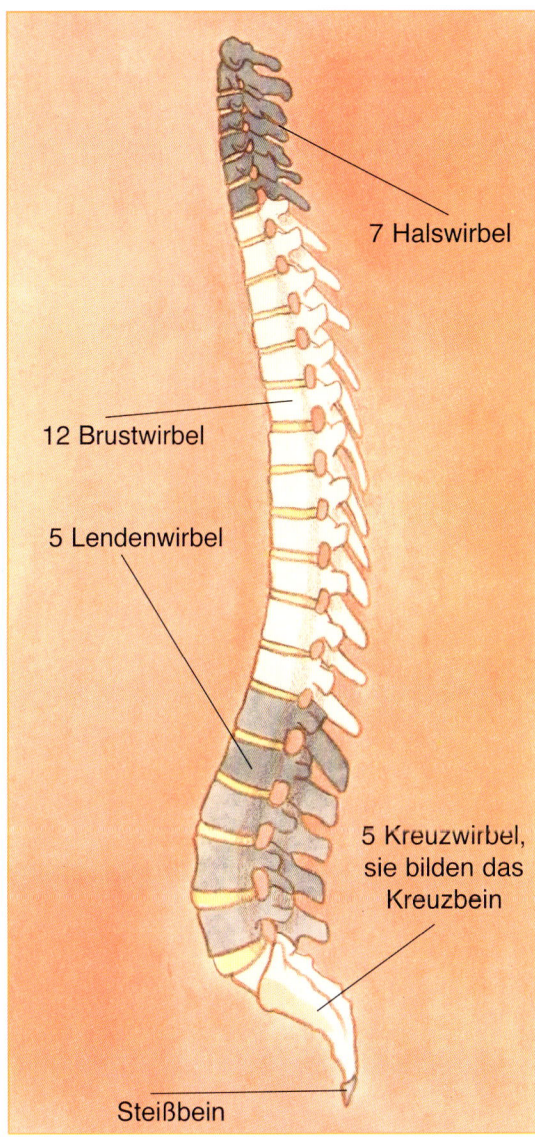

7 Halswirbel

12 Brustwirbel

5 Lendenwirbel

5 Kreuzwirbel, sie bilden das Kreuzbein

Steißbein

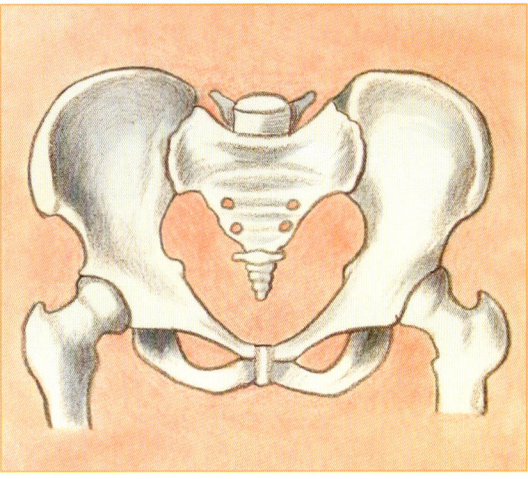

Frauen haben ein breiteres Becken als Männer. Es hält die inneren Organe dort, wo sie hingehören.

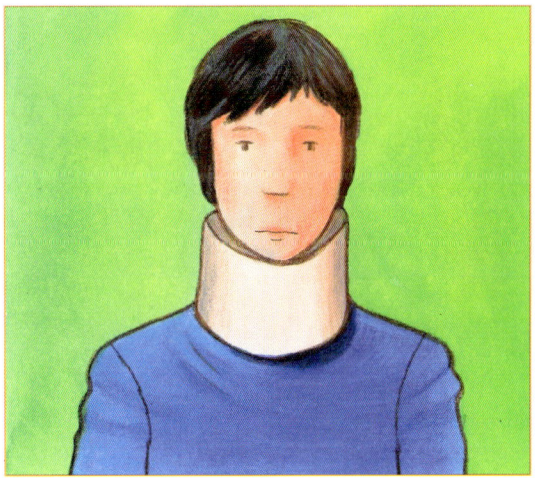

Die gesunde Wirbelsäule ist leicht gekrümmt: die Lendenwirbel nach vorne, die Brustwirbel nach hinten.

Nach einem Unfall wird die Halswirbelsäule mit einer Halskrause ruhig gestellt.

Muskeln

Muskeln ermöglichen Bewegungen. Sie können sich zusammenziehen und wieder gestreckt werden. Muskeln, die du oft brauchst, sind kräftig.

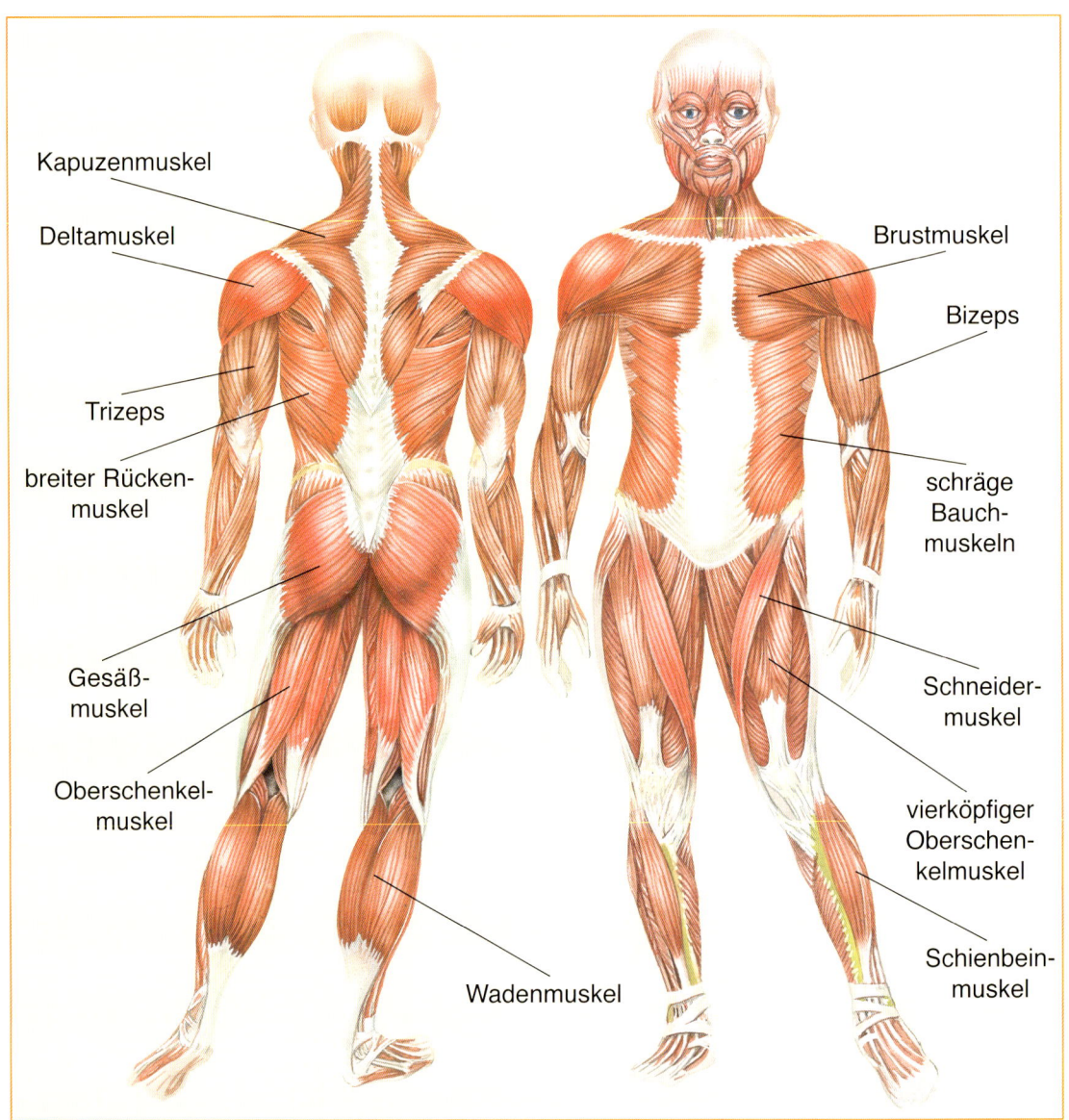

Kapuzenmuskel

Deltamuskel

Brustmuskel

Bizeps

Trizeps

breiter Rücken-
muskel

schräge
Bauch-
muskeln

Gesäß-
muskel

Schneider-
muskel

Oberschenkel-
muskel

vierköpfiger
Oberschen-
kelmuskel

Schienbein-
muskel

Wadenmuskel

Sogar um ganz einfache Bewegungen zu machen, benötigst du oft viele verschiedene Muskeln, die ganz genau zusammenarbeiten müssen. Ohne die Muskeln im Gesicht könntest du die Zunge nicht rausstrecken.

Gestreifte Muskeln gehorchen unserem Willen. Man steuert sie mit dem Kopf. Die glatten Muskeln ziehen sich unbewusst zusammen.

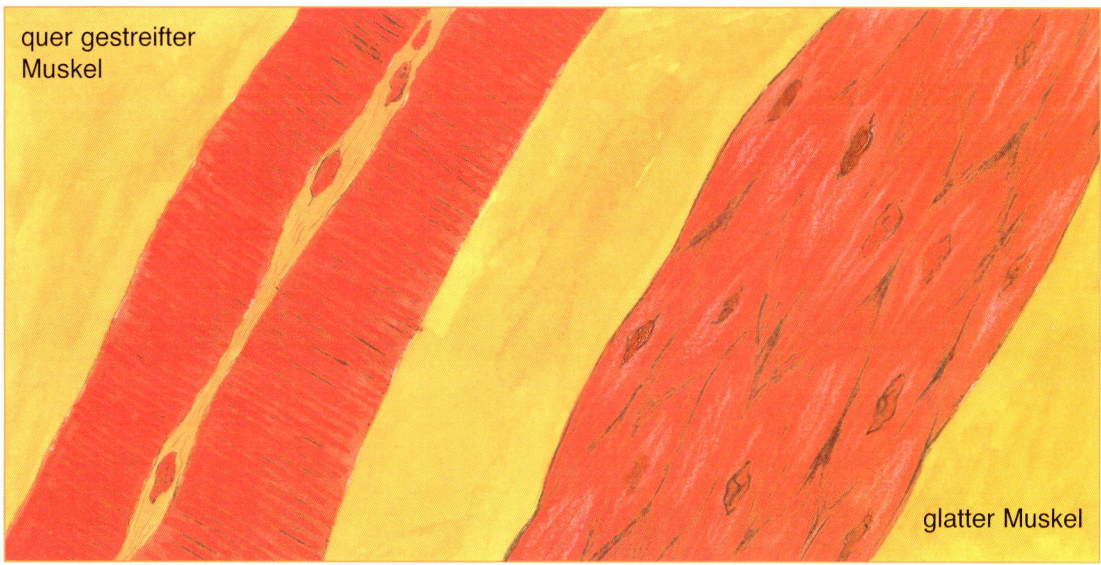

quer gestreifter Muskel

glatter Muskel

Muskeln bestehen aus Fasern. Die meisten erscheinen unter dem Mikroskop quer gestreift. Glatte Muskeln liegen in der Wand des Darmes oder der Blutgefäße. Sie lassen sich nicht mit dem Willen steuern.

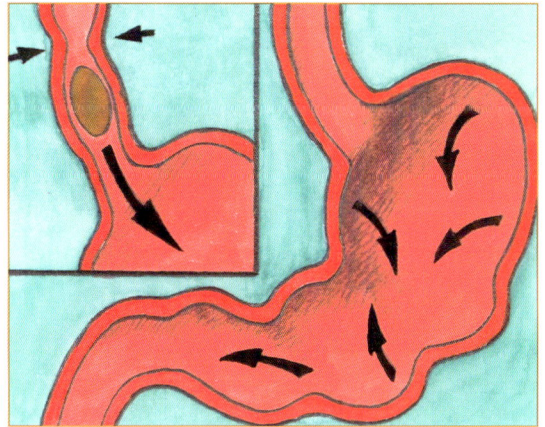

Die Ringmuskeln von Speiseröhre und Darm ziehen sich zusammen und befördern die Nahrung weiter.

Kräftige Muskeln bekommst du beim Boxen und wenn du regelmäßig schwere Gewichte stemmst.

Bewegung

Mache die Augen zu und versuche mit dem Zeigefinger deine Nase zu treffen. Prima! Dein Finger weiß genau, wo er hin soll.

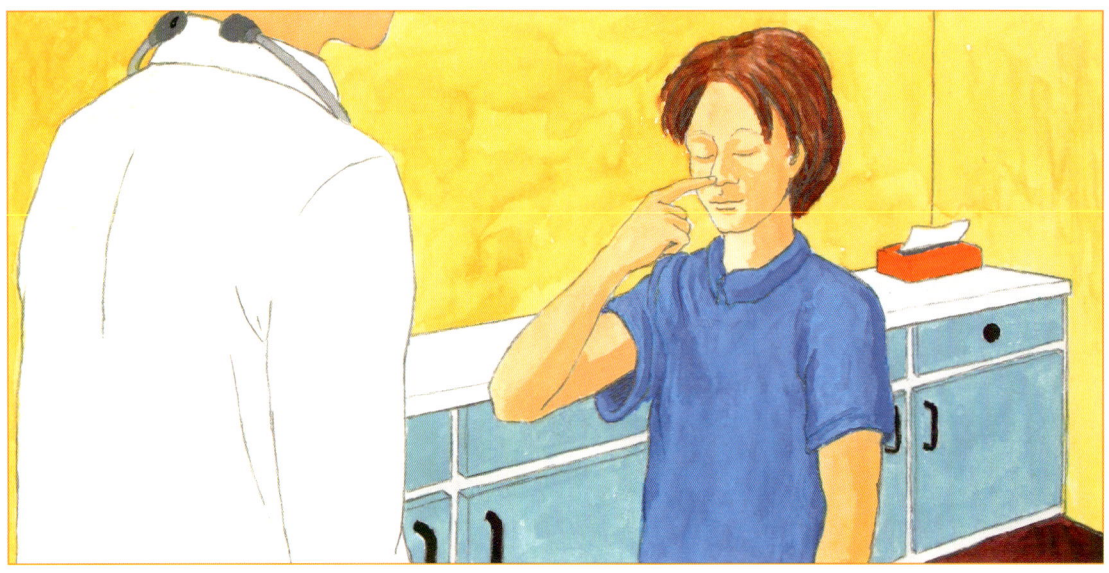

Unser Gehirn bekommt dauernd gemeldet, wo sich die Hände oder Füße befinden, auch wenn die Augen zu sind. Natürlich ist es leichter, seine Nase zu berühren, wenn zusätzlich noch die Augen mithelfen.

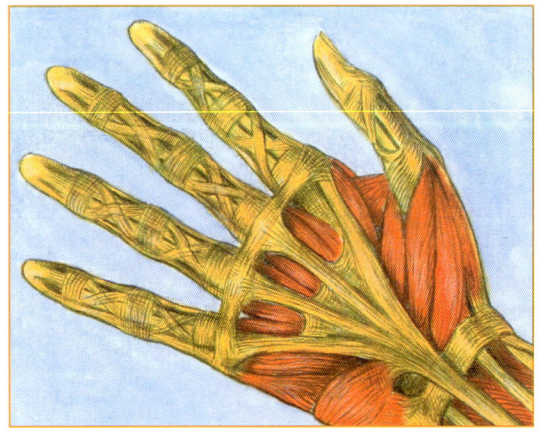

Muskelfasern setzen niemals direkt am Knochen an, Sehnen sind als Verbindung dazwischengeschaltet.

Um einen Diskus möglichst weit zu schleudern, müssen Gehirn und Muskulatur gut zusammenspielen.

Es ist nicht unbedingt gesund, so schwer zu heben. Besser ist es, mit wenig Gepäck zweimal zu gehen.

Ein Muskel kann sich nur zusammenziehen. Man braucht also einen zweiten, um ihn wieder zu strecken.

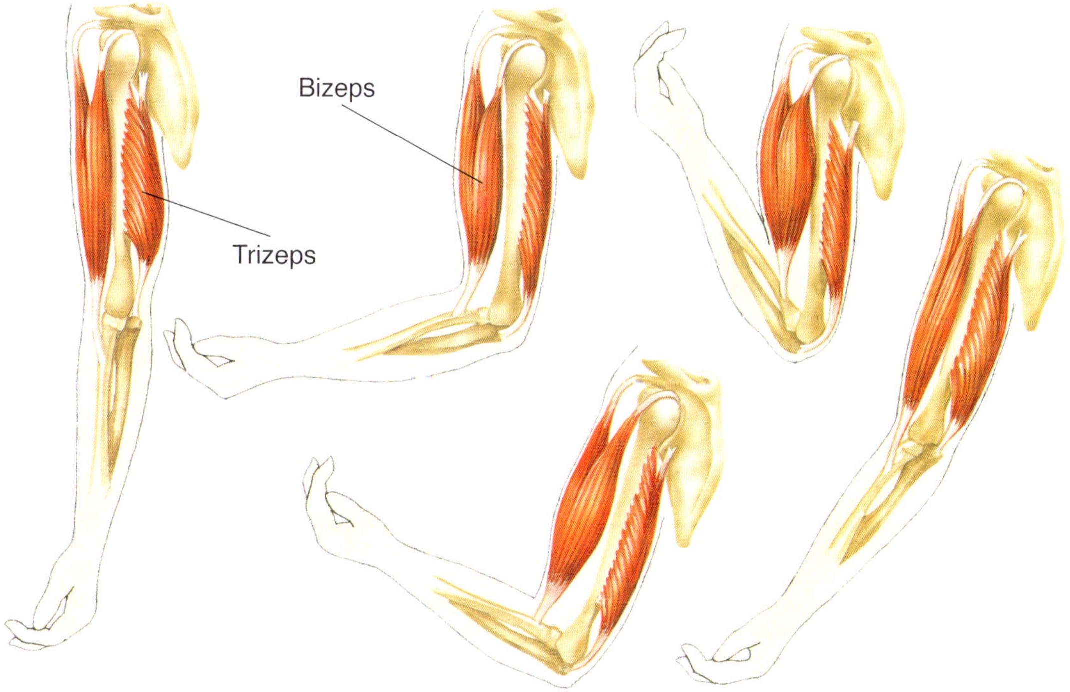

Bizeps

Trizeps

Der Bizeps zieht sich zusammen, dadurch winkelst du deinen Arm an. Um den Arm wieder auszustrecken, muss sich der Trizeps auf der Armrückseite zusammenziehen.

Mimik

Wenn deine Mutter schlechte Laune hat, dann siehst du ihr das meist schon am Gesichtsausdruck an, wenn du zur Türe hereinkommst.

Mit den Augen kann man auch zeigen, dass man jemanden mag. Das Flirten ist angeboren. Frauen schauen einen Mann schräg von unten aus dem Augenwinkel an und legen dabei den Kopf leicht zur Seite.

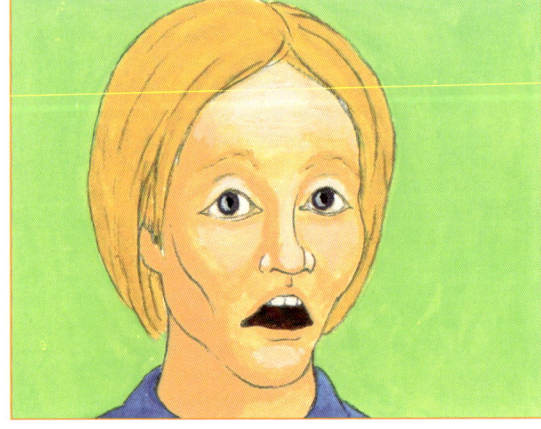

Beim Lachen heben sich die Mundwinkel, die Augen werden schmaler, Lachfältchen entstehen.

Bei einem Schreck reißt du die Augen auf. Die Augenbrauen sind angespannt und der Mund offen.

Bei Ekel und Abscheu runzelst du deine Stirn. Die Mundwinkel zeigen nach unten.

Für den Gesichtsausdruck, die Mimik, sind viele verschiedene Muskeln im Gesicht tätig.

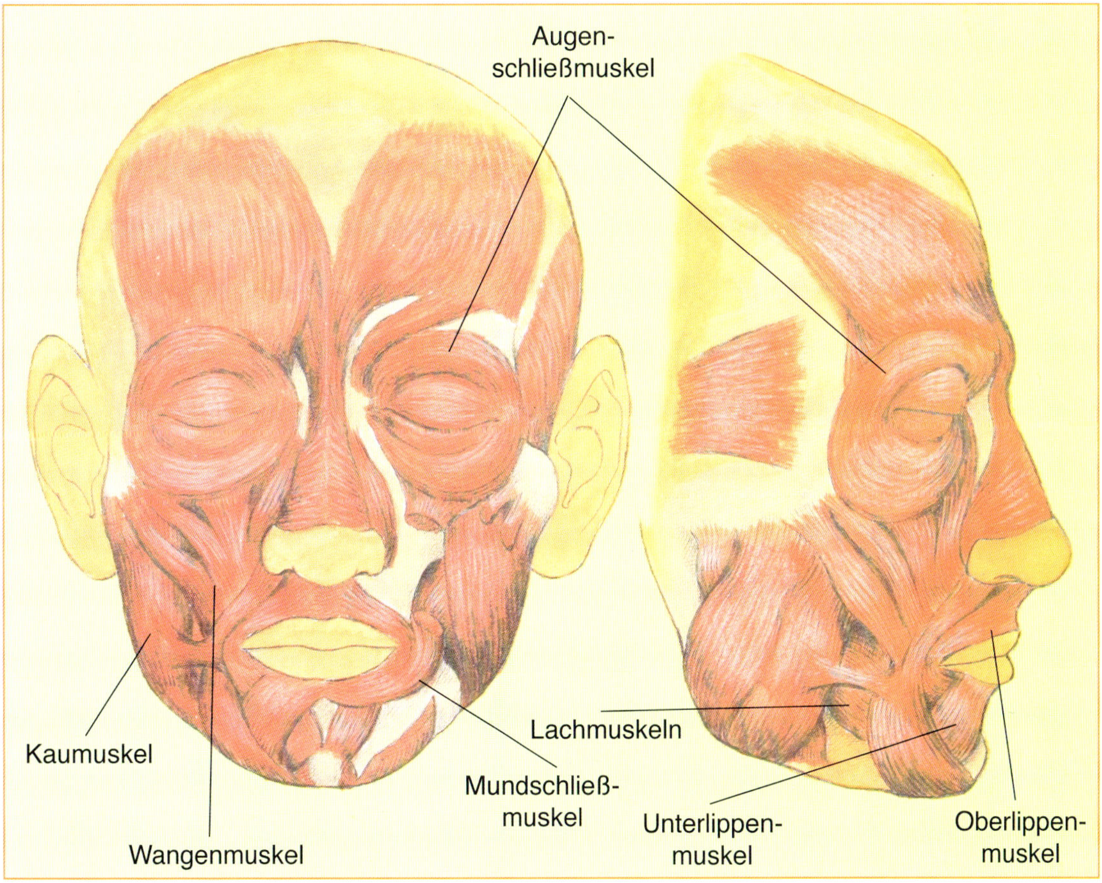

Augen-
schließmuskel

Kaumuskel

Lachmuskeln

Mundschließ-
muskel

Unterlippen-
muskel

Oberlippen-
muskel

Wangenmuskel

Nervensystem

Das Nervensystem besteht aus einem Netzwerk von Nervenzellen und Nervenfasern. Sie senden, empfangen und verarbeiten Signale.

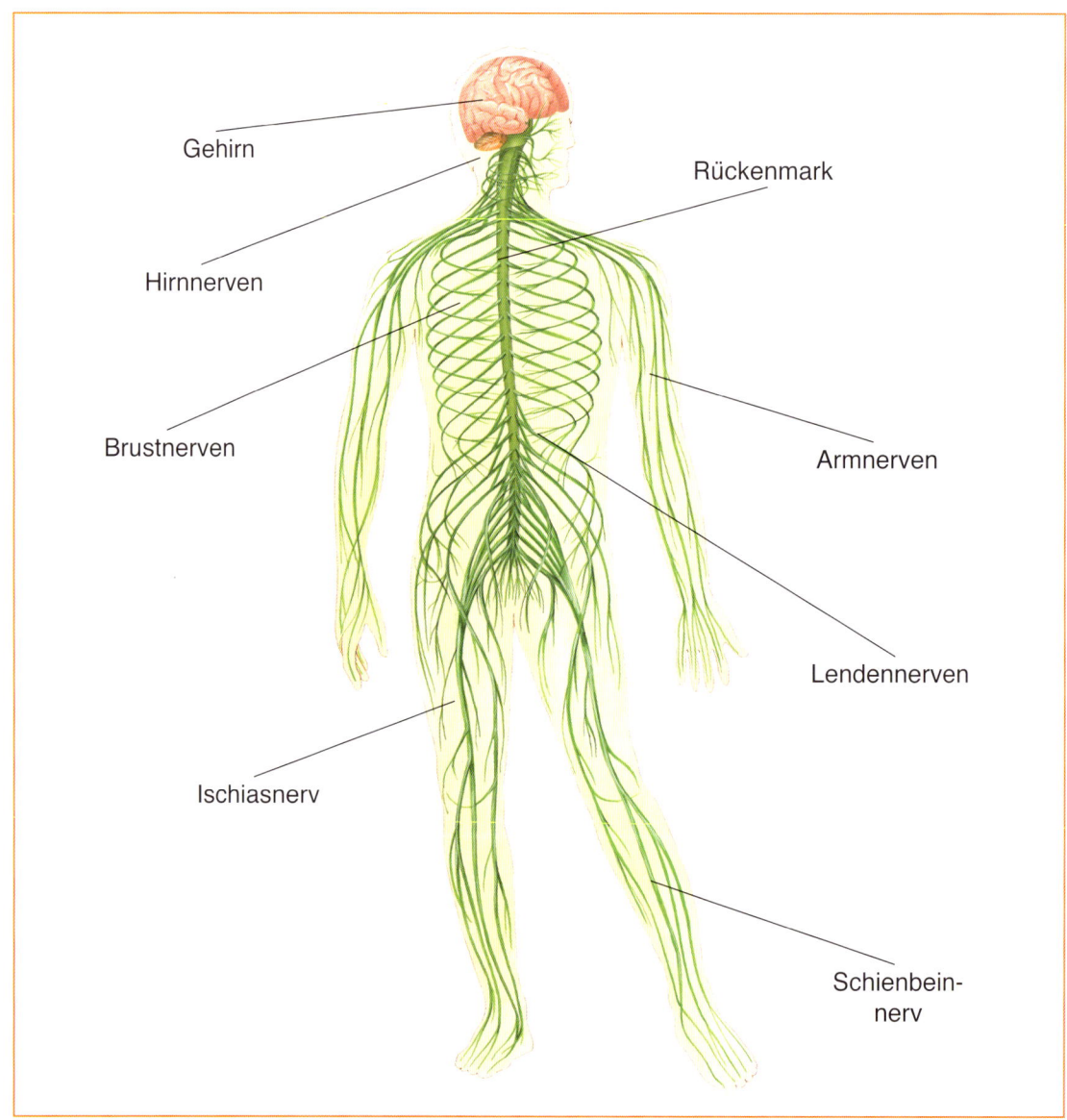

Gehirn

Rückenmark

Hirnnerven

Brustnerven

Armnerven

Lendennerven

Ischiasnerv

Schienbein-
nerv

Ohne Nervensystem könnten wir nicht denken und fühlen, unsere Organe wüssten nicht, was sie zu tun haben. Das Nervensystem gibt ihnen Anweisungen. Die Nerven bemerken wir aber erst, wenn uns eine Stelle weh tut.

Ein Nerv besteht aus einem Bündel Neuriten. Das sind lange Enden von Nervenzellen, die Signale an andere Zellen weitergeben.

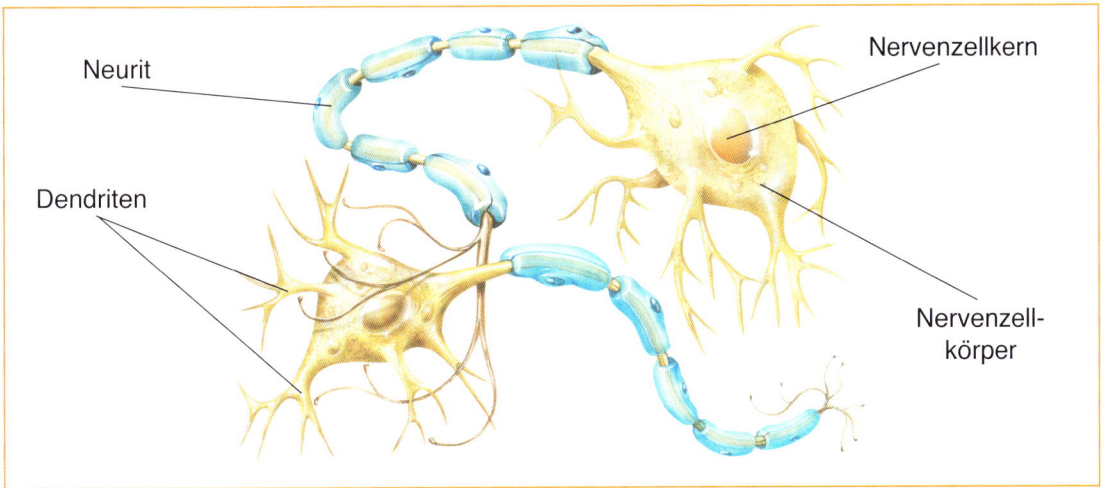

Eine Nervenzelle besteht aus Zellkörper und Zellkern. Zudem besitzt sie einen langen, dünnen Fortsatz, Neurit genannt. Er nimmt Kontakt mit einem Dendriten der nächsten Nervenzelle auf und übergibt das Signal.

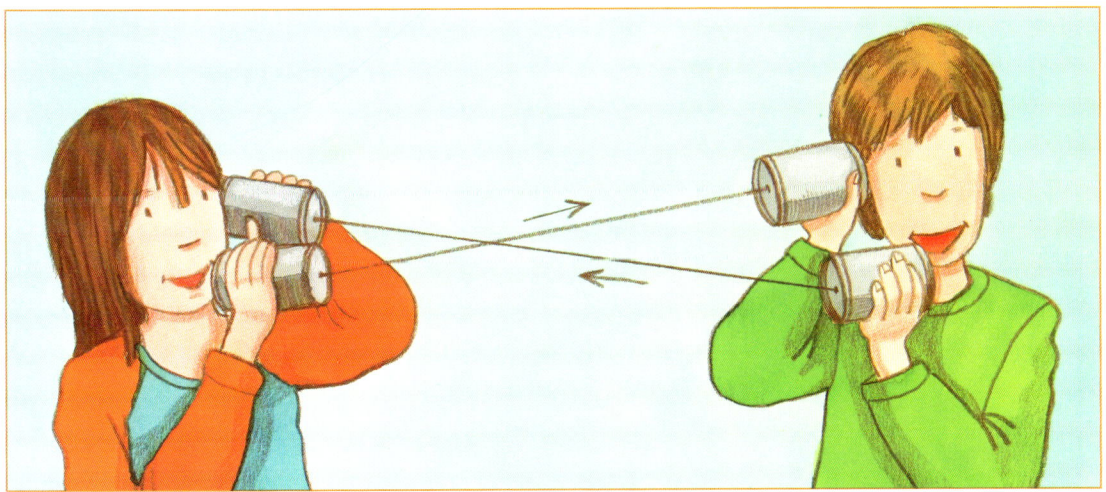

Nerven können ihre Informationen nur in eine Richtung weitergeben. Du kannst dir die Übertragung wie das Telefonieren vorstellen. Die Information wandert immer von den Dendriten zum Ende des Neurits.

Reflexe

Nicht über alles, was wir tun, denken wir nach. Unser Körper erledigt manches automatisch. Man nennt solche unbewussten Reaktionen Reflexe.

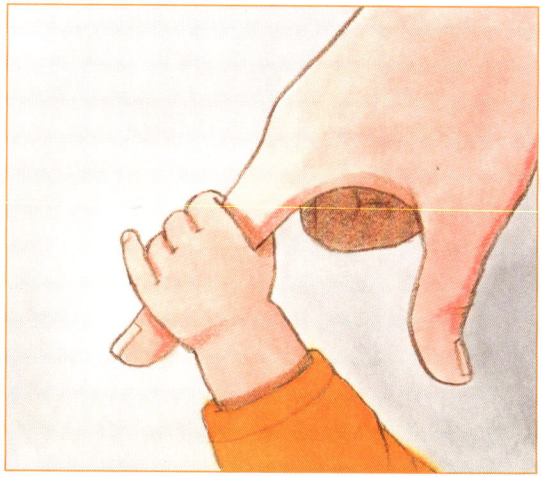

Das Baby etwa hat einen Saugreflex. Es kann aber die Brust nicht von seinen Fingern unterscheiden.

Babys greifen nach einem Finger wie junge Säugetiere, die sich im Fell der Mutter festklammern.

Säuglinge schlucken beim Tauchen kein Wasser. Dieser Tauchreflex funktioniert noch vier Monate nach der Geburt. Kleine Kinder können aber nicht automatisch schwimmen. Wasser ist auch für sie gefährlich.

Wenn ein Gegenstand schnell auf uns zu fliegt, schließen wir sofort die Augen, um sie zu schützen.

Wenn du etwas Heißes berührst, ziehst du den Finger zurück, ehe du den Schmerz fühlst.

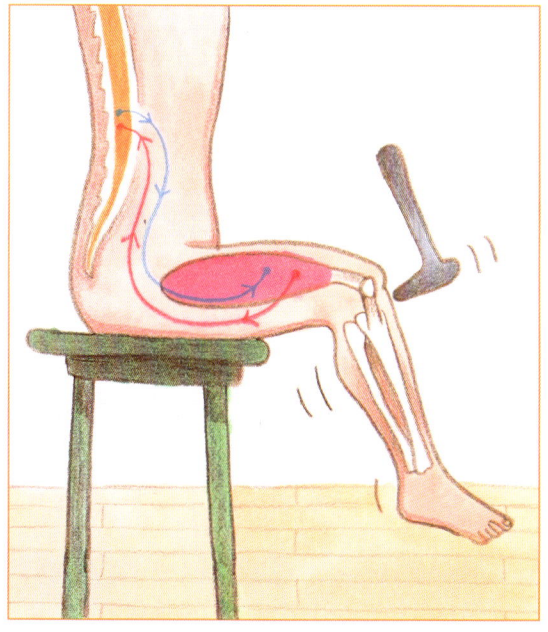

Bitte einen Freund mit einem Gummihämmerchen ganz leicht auf die Kniesehne zu klopfen.

Versuche den Reflex zu unterdrücken. Es wird dir nicht gelingen. Dein Bein schnellt nach oben.

Denken, Fühlen und Erinnern

Wenn du dir ein Märchen ausdenkst, Kummer hast oder dich zu erinnern versuchst, wo deine Mütze liegt, so finden diese Prozesse im Gehirn statt.

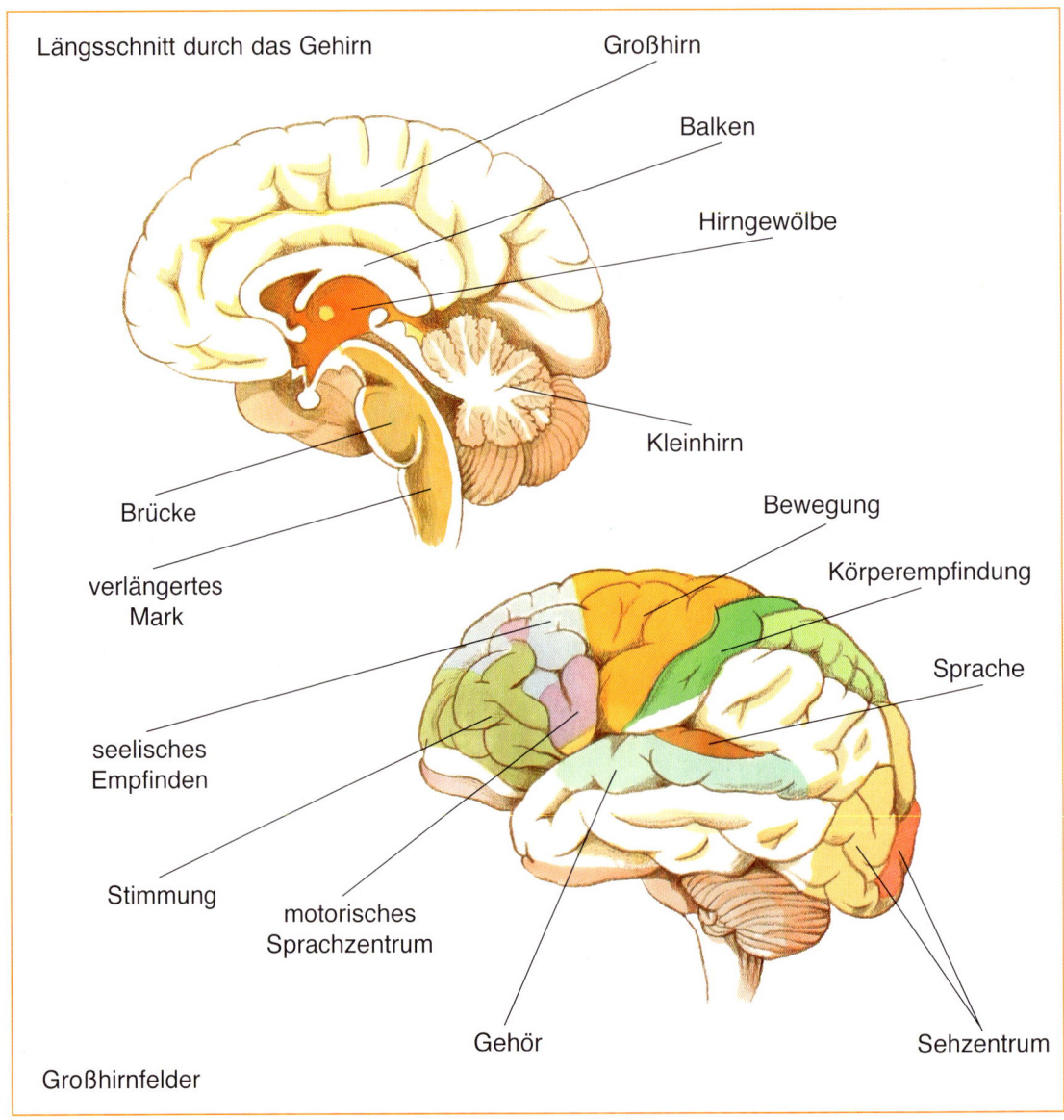

Längsschnitt durch das Gehirn

Großhirn

Balken

Hirngewölbe

Kleinhirn

Brücke

verlängertes Mark

Bewegung

Körperempfindung

Sprache

seelisches Empfinden

Stimmung

motorisches Sprachzentrum

Gehör

Sehzentrum

Großhirnfelder

Das Gehirn ist die Steuerzentrale für Bewegungen, Schlaf, Hunger, Durst und alle anderen Funktionen, ohne die du nicht leben kannst. Hier entstehen alle deine Gefühle wie Liebe, Hass, Angst, Freude und Trauer.

Wenn du mit deinem Freund redest, ist das Sprachzentrum aktiv. Auch das Bewegungszentrum muss arbeiten, damit du den Mund bewegen kannst.

Wenn du ein Instrument gut spielen gelernt hast, musst du nicht mehr über jeden Griff nachdenken. Dein Gehirn ist trainiert. Das gilt auch zum Beispiel für das Fahrradfahren oder später einmal für das Autofahren.

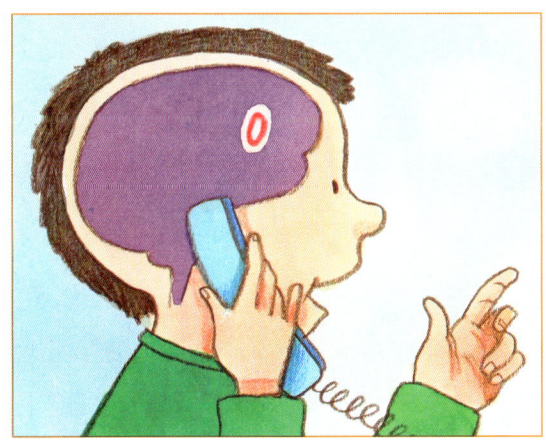

Das Sprachzentrum liegt auf der Großhirnrinde. Wird es zerstört, kann man nicht mehr sprechen.

Junge Menschen haben ein gutes Gedächtnis. Du kannst Vokabeln schneller büffeln als deine Oma.

Lernen und Vergessen

Die Wissenschaft, die sich mit dem Lernen beschäftigt, heißt Pädagogik. Früher dachte man, jedes Kind lernt gleich. Heute weiß man das besser.

Fast alle Kinder können am besten behalten, was sie einmal selbst mit den Händen gemacht haben. Hast du selbst ein Fahrrad repariert, kannst du anderen leichter erklären, warum welche Schraube wohin muss.

Es gibt unterschiedliche Lerntypen. Kinder mit optischem Gedächtnis können sich leicht merken, was sie einmal als Bild gesehen haben.

Manche Kinder behalten besser, was sie einmal gelesen haben. Weil in der Schule viel gelesen wird, haben es diese Kinder dort besonders leicht. Fällt es dir schwer, Gelesenes zu erinnern, so versuche mal laut zu lesen.

Wenn du laut liest, kann dein Gehör mithelfen. Es nimmt das, was du lernen willst, auf und speichert es.

Im Schlaf kann man keine Vokabeln lernen. Manche Menschen erinnern sich aber leicht an gehörte Worte.

Auge

Das Auge ist das wichtigste Sinnesorgan. Es sieht aber nicht selbst. Es nimmt Lichtsignale auf und leitet Informationen darüber ans Gehirn weiter.

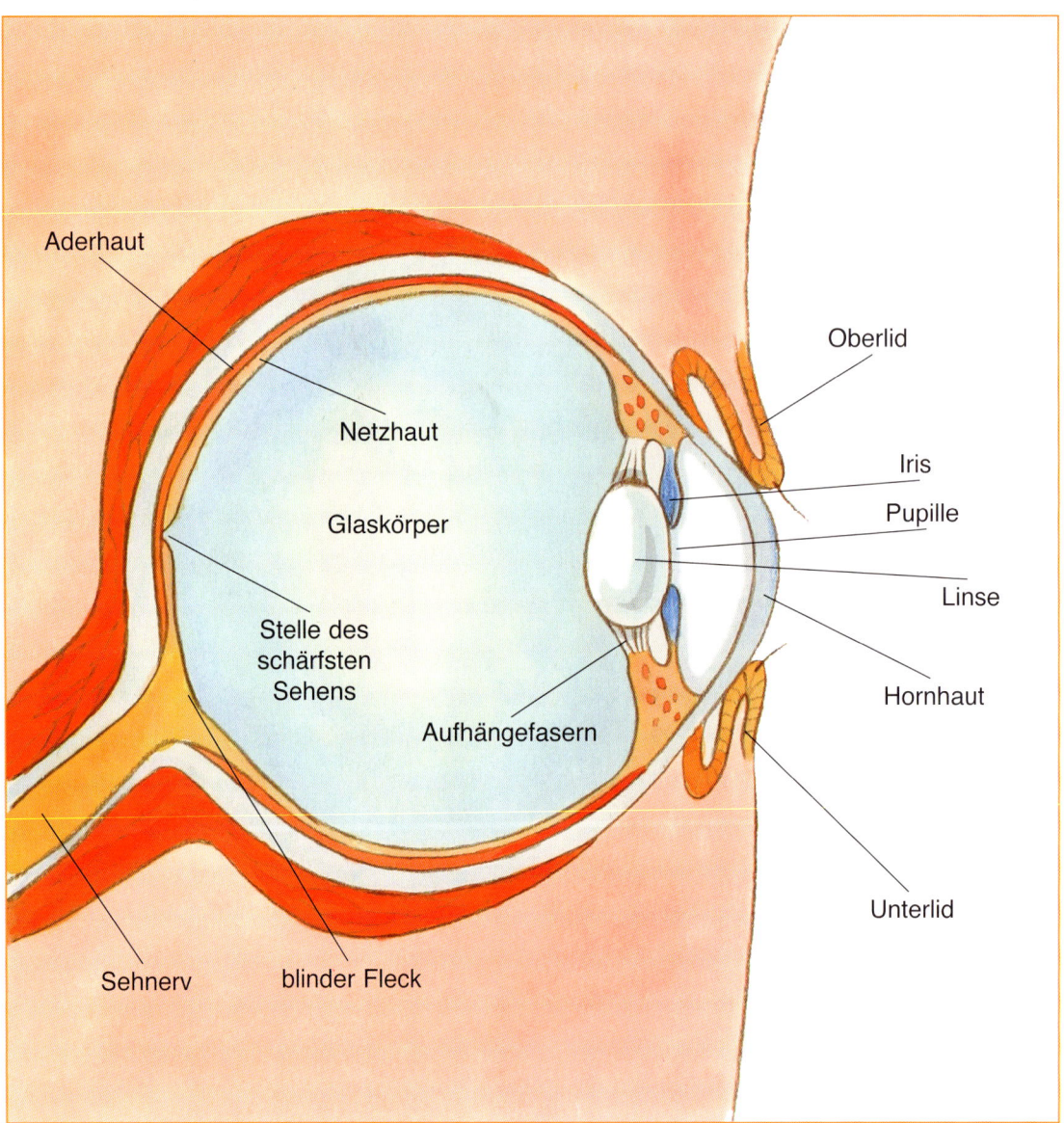

Die Linse bündelt das Licht, das auf sie fällt, und leitet es durch den durchsichtigen Augapfel auf die Netzhaut. Hier sitzen die Sinneszellen. Sie nehmen das Licht wahr und übergeben dem Gehirn die Informationen.

Bei Dunkelheit ist deine Pupille weit geöffnet. Bei hellem Licht verengt die farbige Iris, die auch Regenbogenhaut genannt wird, die Pupille.

Wenn die Linse deines Auges zu stark oder zu schwach gewölbt ist, fällt das Bild nicht scharf auf die Netzhaut. Du bist dann weit- oder kurzsichtig. Brillengläser oder Kontaktlinsen sorgen dann dafür, dass du scharf siehst.

Man kann die Linse mit dem Objektiv einer Kamera vergleichen. Die Netzhaut ist der lichtempfindliche Film. Das Bild auf der Netzhaut steht Kopf. Dein Gehirn weiß das aber und stellt die Bilder richtig.

Sehen

Wenn das Sehen Probleme macht, so kann das an den Augen liegen oder aber am Gehirn, das die Bilder nicht richtig verarbeitet.

Dies ist ein Test für den blinden Fleck: Schließe das linke Auge, schaue mit dem rechten den Hasen an. Halte das Buch nah vor deine Augen und vergrößere dann den Abstand. Irgendwann verschwindet der Hund.

Ist ein Augenmuskel nicht kräftig genug, schielst du. Durch Abkleben des Auges wird das andere trainiert.

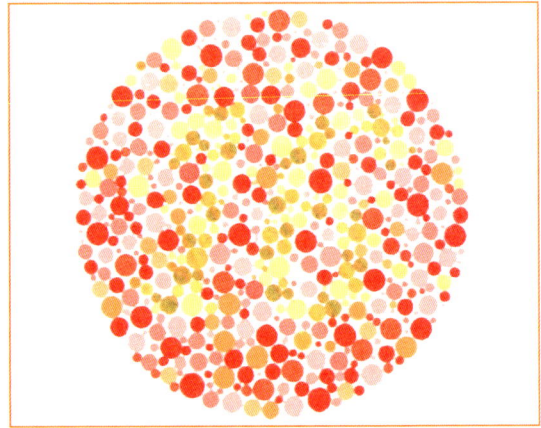

Viele Farbenblinde können Rot und Grün nicht sehen. Kannst du auf dem Testbild die Zahl erkennen?

Bei den Bildern des Malers Escher merkt man bei genauem Hinsehen, dass da was nicht stimmen kann.

Das sind optische Täuschungen. Das Auge sieht Striche oder Kreise. Das Gehirn interpretiert alles.

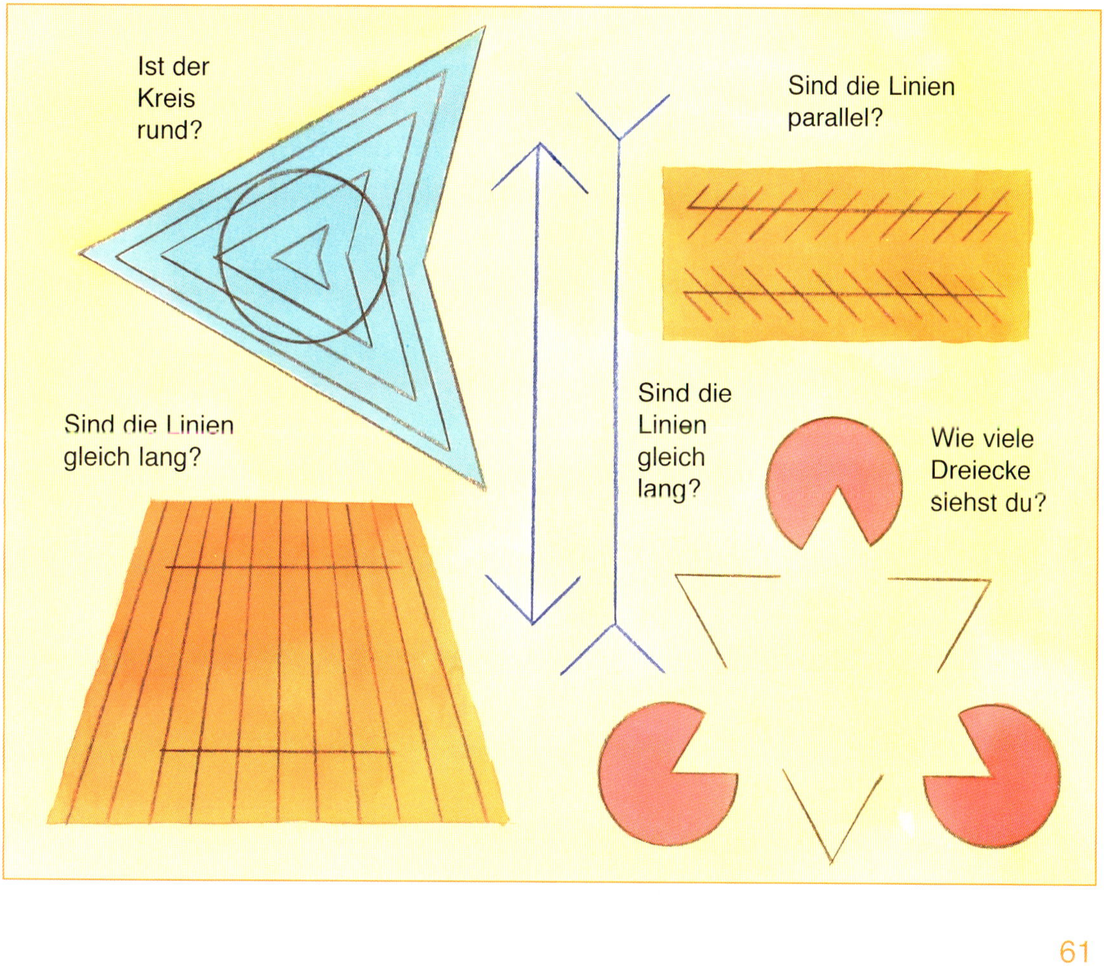

Ist der Kreis rund?

Sind die Linien parallel?

Sind die Linien gleich lang?

Sind die Linien gleich lang?

Wie viele Dreiecke siehst du?

Ohr und Hören

Das Ohr hat zwei ganz wichtige Aufgaben. Eine ist das Hören, die andere ist es, den Körper im Gleichgewicht zu halten, damit wir nicht umkippen.

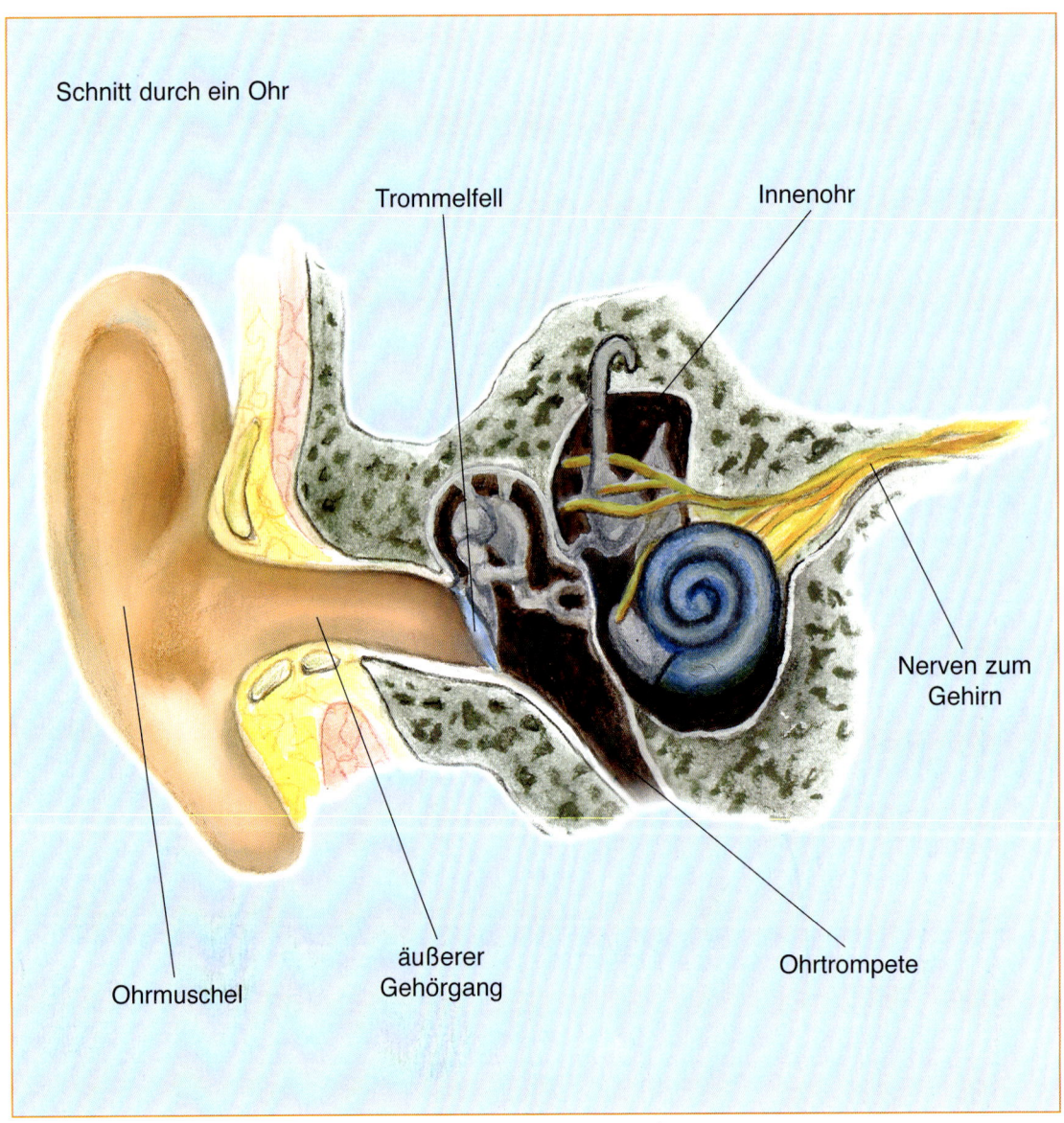

Schnitt durch ein Ohr

Trommelfell

Innenohr

Nerven zum Gehirn

Ohrmuschel

äußerer Gehörgang

Ohrtrompete

Die Ohrmuschel nimmt wie eine Art Schalltrichter die Schallwellen aus der Luft auf und leitet sie zum Trommelfell. Im Innenohr werden diese in elektrische Impulse umgewandelt. Über die Nerven gelangen sie ins Gehirn.

Stecke die Enden eines 1,50 Meter langen Schlauchs vorsichtig in die Ohren. Schließe die Augen. Ein Kind klopft mit einem Stift auf den Schlauch.

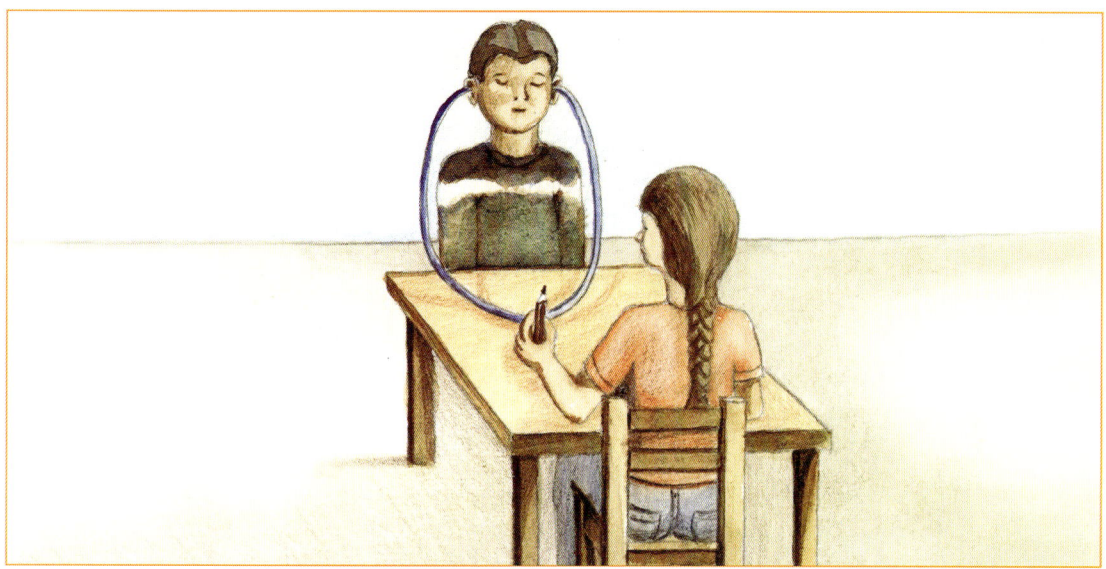

Sage nun, wo das Kind auf den Schlauch geklopft hat, rechts, links oder in der Mitte. Menschen können Richtungen sehr gut wahrnehmen, besser als jedes Tier. Nur eine Fliegenart kann es mit uns noch aufnehmen.

Viele Tiere können Töne hören, die für unser Ohr zu hoch sind. Man misst die Tonhöhe in Hertz (Hz).

Es tut im Körper weh, ein Flugzeug starten zu hören. Aber auch ständiger geringer Lärm macht krank.

Nase und Riechen

Fische riechen mit Gruben zwischen Auge und Maul, Schlangen mit der Zunge. Bei dir liegen die Zellen, die Gerüche wahrnehmen, in der Nase.

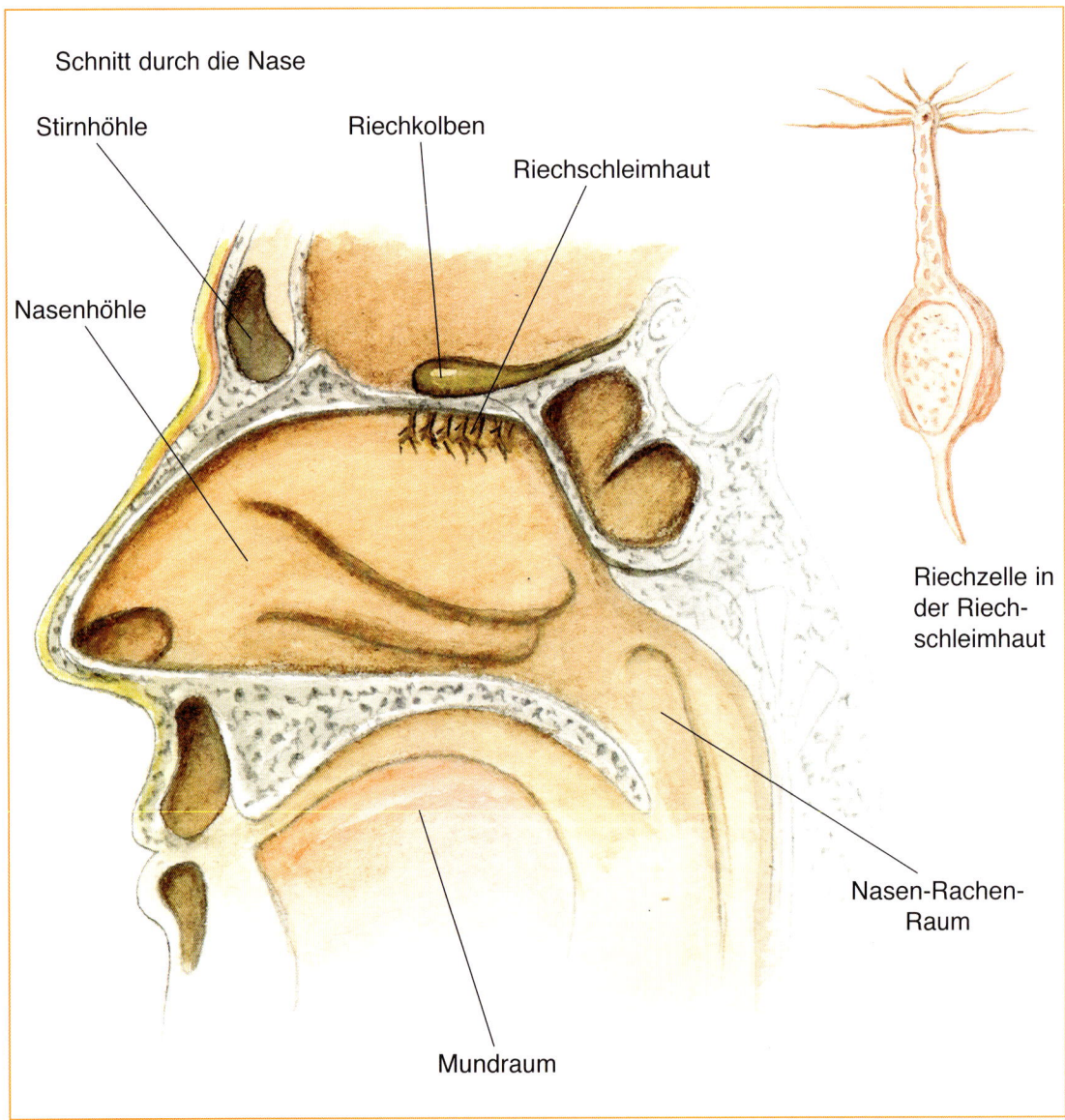

Schnitt durch die Nase

Stirnhöhle

Riechkolben

Riechschleimhaut

Nasenhöhle

Riechzelle in der Riech-schleimhaut

Nasen-Rachen-Raum

Mundraum

Die Nase ist innen mit einer Schleimhaut ausgekleidet. Das merkst du bei Schnupfen deutlich. In der Riechschleimhaut der oberen Nasenschleimhaut sitzen Sinneszellen, die dem Gehirn melden, was sie wahrnehmen.

Versuch: Lasse dir die Augen verbinden und verschiedene Stoffe reichen. Sage, was du riechst. Wenn du erkältet bist, wird dir das kaum gelingen.

Manche Sachen riechen sehr lecker. Der Geruchssinn hat die Funktion, den Menschen zu sagen, was genießbar ist. Du kannst mit der Nase erkennen, ob Fleisch verdorben oder ob Milch sauer geworden ist.

Geruchs- und Geschmackssinn hängen eng zusammen. Wenn du nichts riechst, schmeckt alles fad.

Manche Kinder reagieren mit Heuschnupfen auf Pollen. Ihre Nase läuft wie bei einer Erkältung.

Mund und Schmecken

Der menschliche Geschmackssinn ist schwach ausgebildet. Ohne Mithilfe deiner Nase könntest du den Geschmack des Essens kaum wahrnehmen.

Schließe die Augen und die Nase und lasse dir verschiedene Kostproben geben. Das Essen ist nicht leicht zu erschmecken, denn die Sinneszellen erkennen nur süß, sauer, bitter, salzig und herzhaft/fleischig (umami).

Die Fresszellen in den Mandeln vernichten Krankheitserreger in der Mundhöhle. Manchmal entzünden sich die Mandeln und schwellen an.

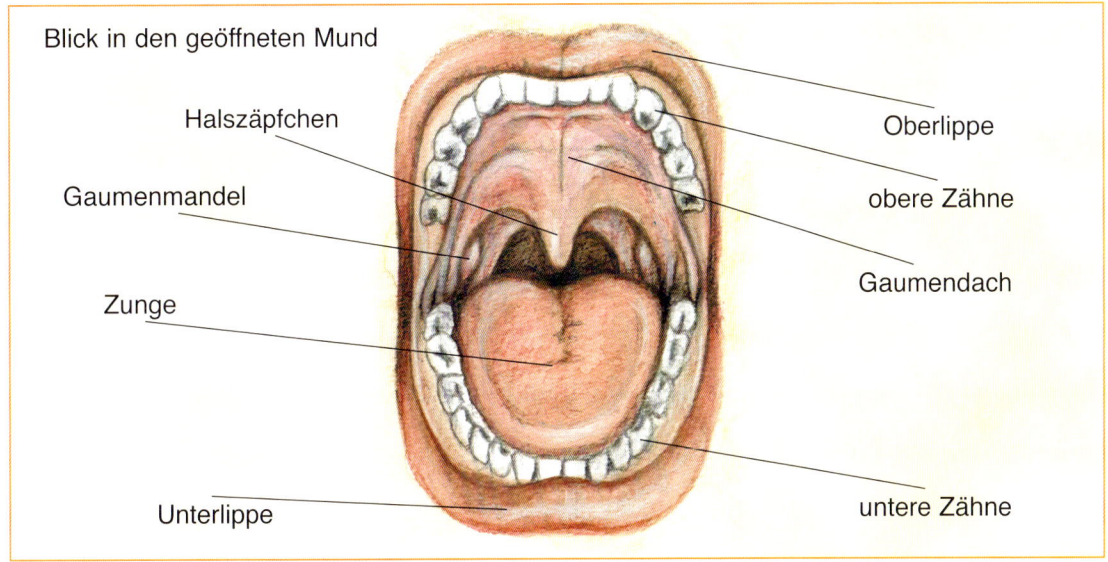

Blick in den geöffneten Mund

Halszäpfchen

Gaumenmandel

Zunge

Unterlippe

Oberlippe

obere Zähne

Gaumendach

untere Zähne

In deinem Mund wird die Nahrung durch Kauen zerkleinert und eingespeichelt. Sie rutscht so besser in den Magen. Die Zunge befördert den Brei zur Speiseröhre. Berührst du das Halszäpfchen, löst du Brechreiz aus.

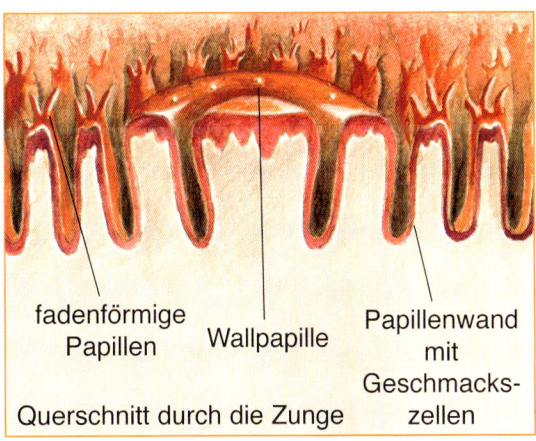

fadenförmige Papillen

Wallpapille

Papillenwand mit Geschmackszellen

Querschnitt durch die Zunge

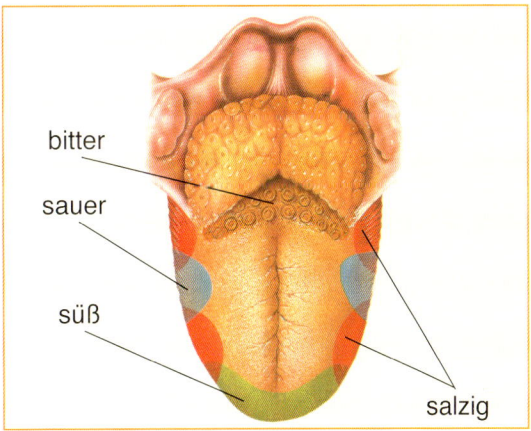

bitter

sauer

süß

salzig

Fadenförmige Papillen dienen als Tastorgan, Wallpapillen hinten auf der Zunge erkennen Bitteres.

Die Papillen sind auf der Zunge verteilt. Mit ihrer Hilfe schmeckst du salzig, süß, bitter und sauer.

Die Haut

Die wichtigste Aufgabe der Haut ist es, uns vor Krankheitserregern zu schützen. Außerdem sorgt die Haut dafür, dass wir nicht austrocknen.

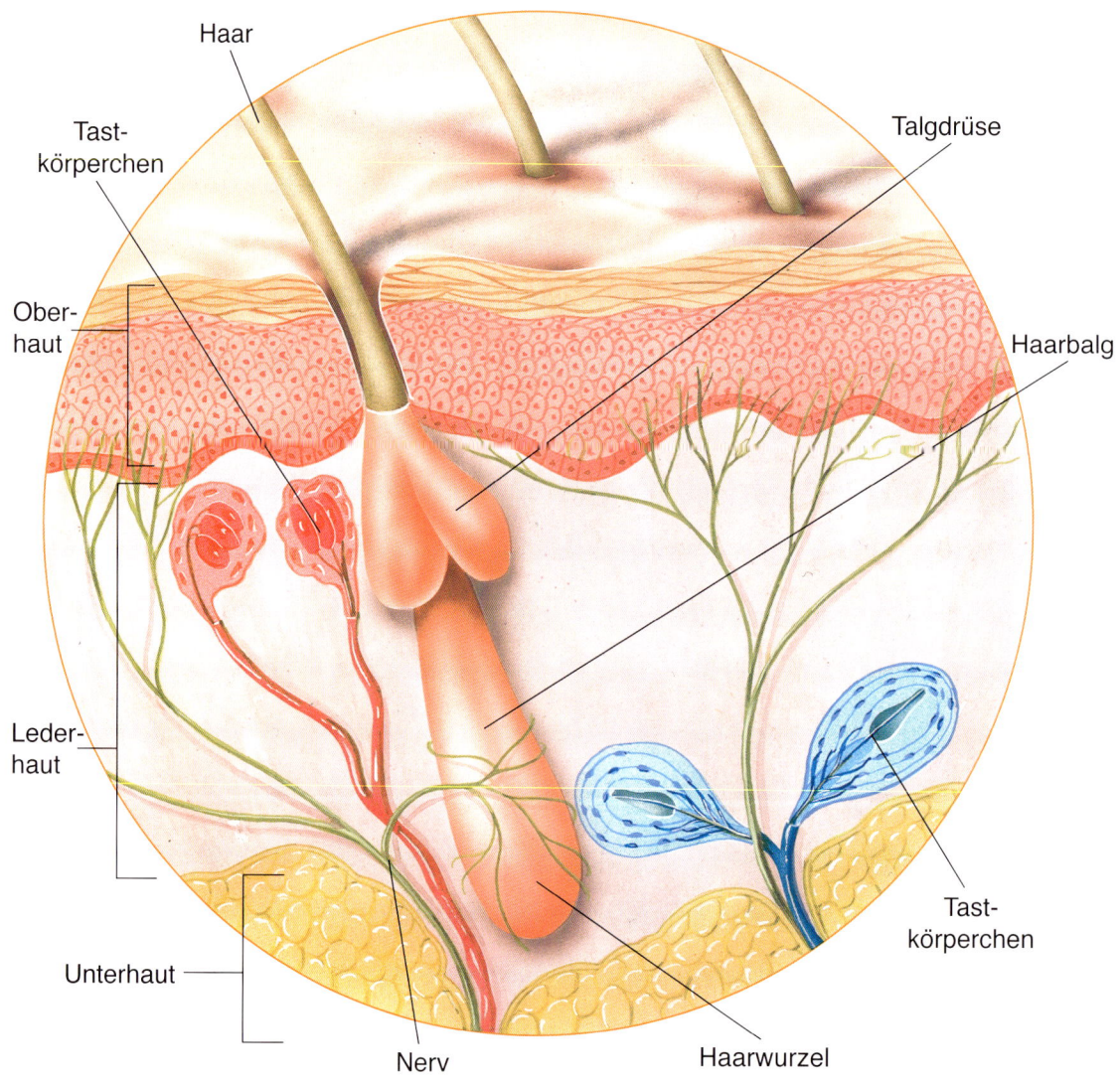

Die Haut besteht aus Oberhaut, Lederhaut und Unterhaut. In der Haut sitzen Schweißdrüsen und Talgdrüsen. Am Haarbalg befinden sich Muskeln. Wenn sie sich zusammenziehen, bekommst du eine Gänsehaut.

In der Oberhaut liegen Zellen, die Farbe produzieren. Menschen mit dunkler Haut haben viele dieser Zellen. Sie schützen die Haut vor Sonne.

Die Hautfarbe wird vererbt. Sie liegt zwischen rosigem Beige und dunklem Braun. Menschen mit dunkler Haut haben Vorfahren in Afrika oder Australien. Menschen mit milchiger Haut stammen von Europäern ab.

Viele Kinder haben an den Armen und um die Nase Sommersprossen. Dort scheint die Sonne kräftig hin.

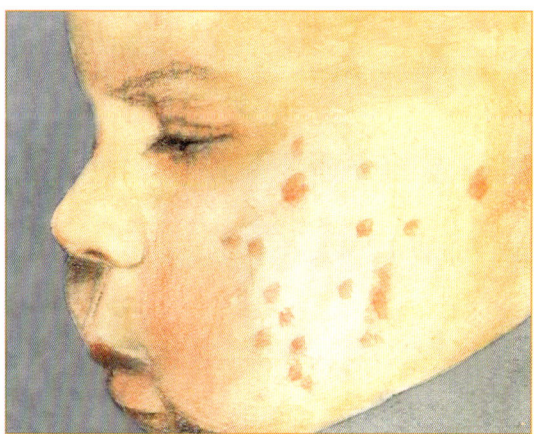

Kinder haben oft Neurodermitis. Der juckende Ausschlag verschwindet meist im Erwachsenenalter.

Tast- und Temperatursinn

Wir können mit verbundenen Augen Dinge durch Betasten erkennen. Es gibt Sinneszellen der Haut, die auf Druck, Kälte oder Wärme reagieren.

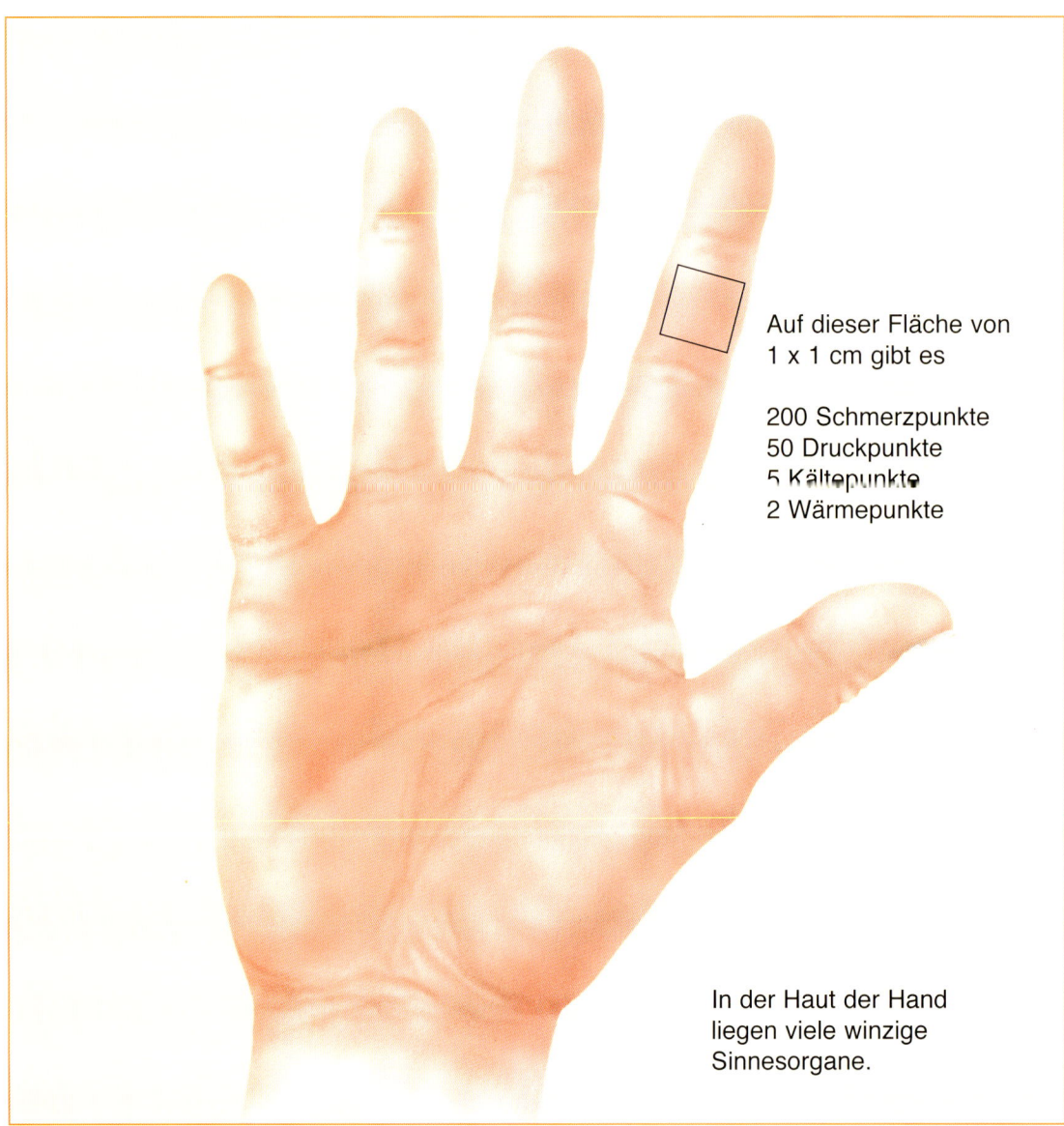

Auf dieser Fläche von 1 x 1 cm gibt es

200 Schmerzpunkte
50 Druckpunkte
5 Kältepunkte
2 Wärmepunkte

In der Haut der Hand liegen viele winzige Sinnesorgane.

Die Wärmezellen der Haut arbeiten nicht wie ein Thermometer. Tauchst du eine Hand in warmes, die andere in kaltes Wasser und nach drei Minuten in lauwarmes Wasser, kommt es einer Hand kalt vor, der anderen warm.

Den Abstand der Tastzellen untereinander testest du mit einem Zirkel.
Bei welchem Abstand spürst du nur einen Druckpunkt, ab welchem zwei?

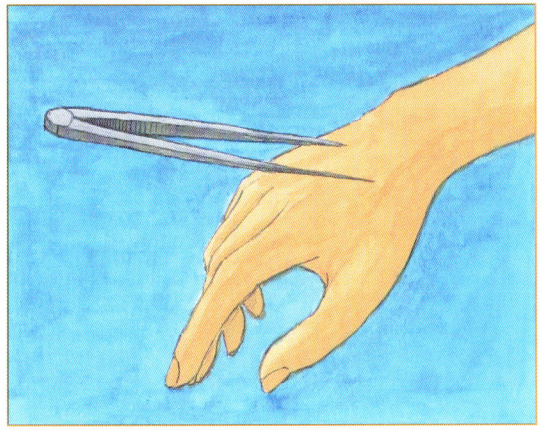

Die Tastzellen sind in der Haut unterschiedlich verteilt. An der Hand liegen weit mehr als an der Wade.

Blinde Menschen benutzen ihren Tastsinn auch zum Lesen. An den Fingerkuppen ist er besonders gut.

Du hast mit der Hand sicher schon mal etwas Heißes berührt und sofort losgelassen. Die Tastzellen lösen Reflexe aus. Wenn eine Tastzelle Hitze spürt, ziehst du den Arm ohne Zutun des Gehirns zurück.

Bemalte Haut

In vielen Kulturen bemalt man die Haut, aber aus unterschiedlichen Gründen. In Europa schminken sich fast nur Frauen. Sie wollen anziehend sein.

In unserer Kultur gilt ein leichtes Make-up als elegant. Zu viel Farbe im Gesicht wirkt bei uns abstoßend.

Vor dem Tanz bemalen die Yakouba an der Elfenbeinküste das Gesicht in weißen und schwarzen Farben.

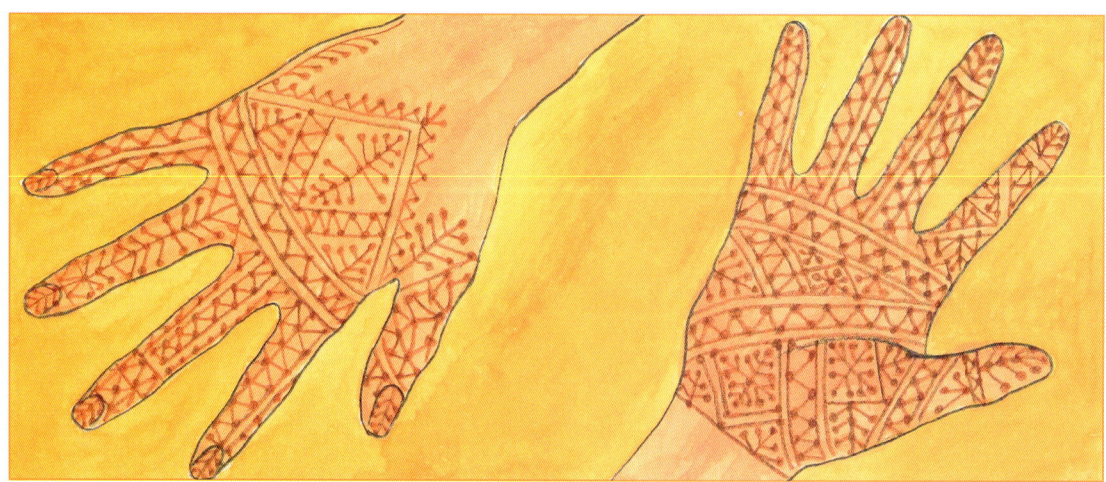

Bei Hochzeiten und religiösen Festen bemalen sich die Frauen in Marokko die Hände mit Henna, einer Pflanzenfarbe. Sie tragen sie mit Stöckchen auf. Die Farbe geht beim Waschen nicht ab, sie verblasst nur langsam.

Manche Völker tätowieren Muster dauerhaft in die Haut ein. Tattoos wurden in Polynesien erfunden.

Dieses Mädchen aus Papua-Neuguinea trägt zur Bemalung auch Schmuck aus Muscheln und Perlen.

Wenn eine Wunde nicht gut verheilt, bekommst du eine Narbe. Viele stören sich daran.

In manchen Kulturen gelten Narben als Zeichen für tapfere Männer. Sie tragen sogar Masken mit Narben.

Haare und Nägel

Haare und Nägel zu schneiden tut nicht weh, denn Haare haben keine Nervenzellen. Sie bestehen, wie auch die Fingernägel, aus Horn.

Die Haarwurzel liegt in der Unterhaut. Sind die Haare im Schnitt oval, hast du krauses oder lockiges Haar. Runde Haare fallen glatt. Jeden Tag verlierst du etwa 80 bis 100 Haare. Das ist normal. Es wachsen neue nach.

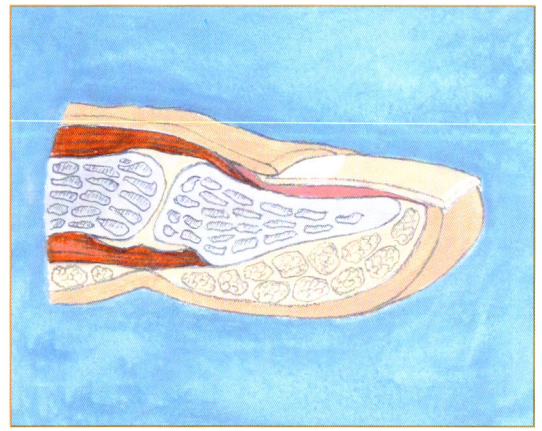

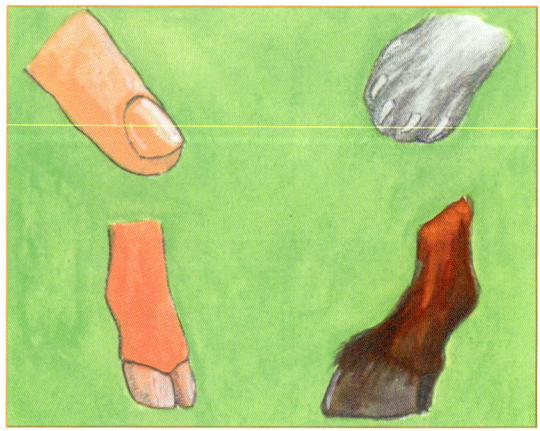

Der Nagel besteht aus toten Zellen. Die Nagelhaut schützt den weißen Mond, wo der Nagel gebildet wird.

Unsere Fingernägel entsprechen den Hufen der Pferde, Klauen der Schweine, Krallen beim Hund.

Im Alter erscheinen die Haare weiß.
Das liegt daran, dass sie dann winzige Luftbläschen enthalten.

In den Haarbalg mündet die Talgdrüse. Der Talg schützt die Haut, zu
oft waschen ist deshalb nicht gut.

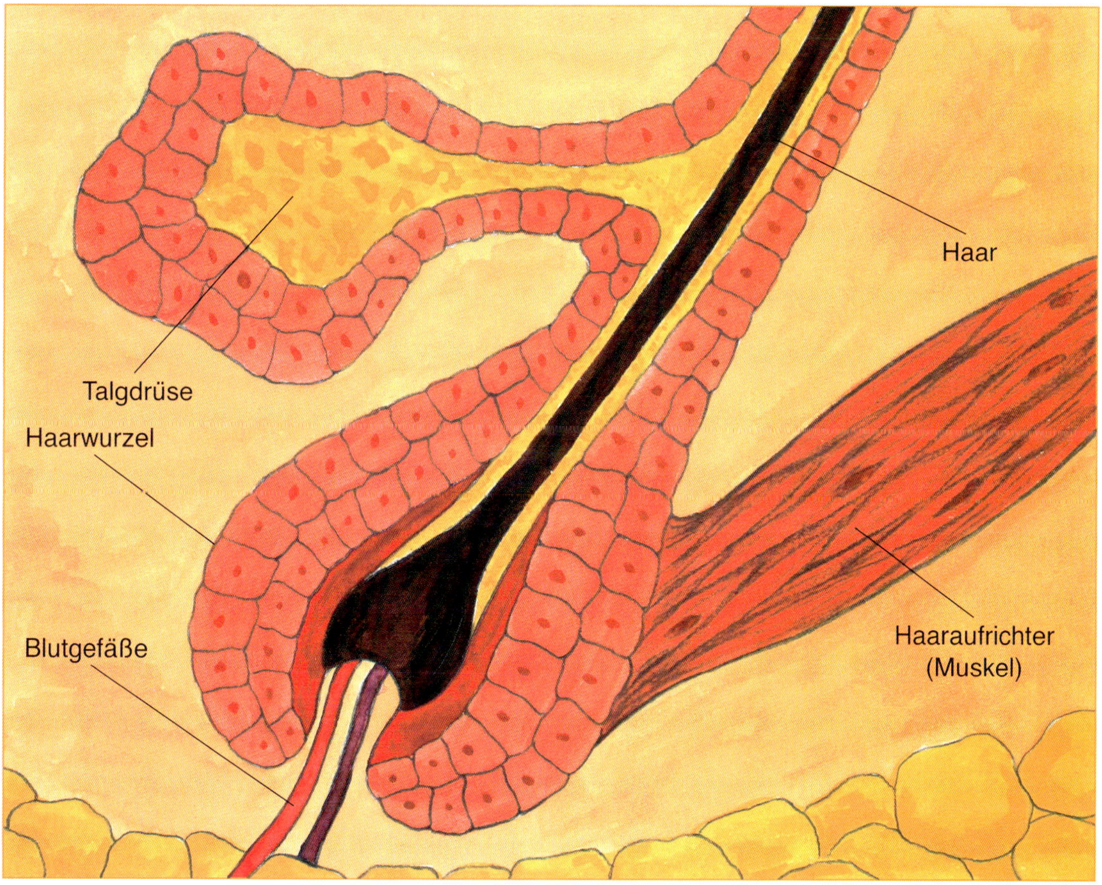

Talgdrüse

Haarwurzel

Blutgefäße

Haar

Haaraufrichter
(Muskel)

Darstellungen des Körpers

In der Kunst wurden schon immer Körper dargestellt. An den Werken sieht man, was in welcher Zeit als schön galt.

Die Venus von Willendorf, eine der ältesten Skulpturen der Menschheit, ist recht mollig.

Lara Croft wurde für ein Computerspiel erfunden. Ihr Körper entspricht keinem lebenden Menschen.

Der David, den Michelangelo aus Marmor schuf, entspricht ziemlich genau den menschlichen Maßen.

Viele afrikanische Plastiken vereinfachen den menschlichen Körper auf das Wesentliche.

Die inneren Organe

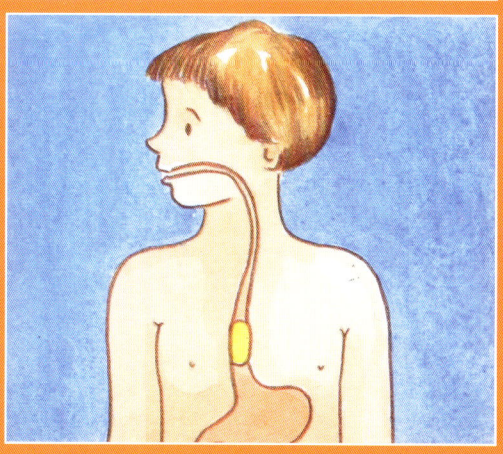

Kreislauf

Wenn du dich anstrengst, dann müssen nicht nur die Muskeln arbeiten, sondern auch dein Herz. Und auch deine Lungen haben mehr zu tun.

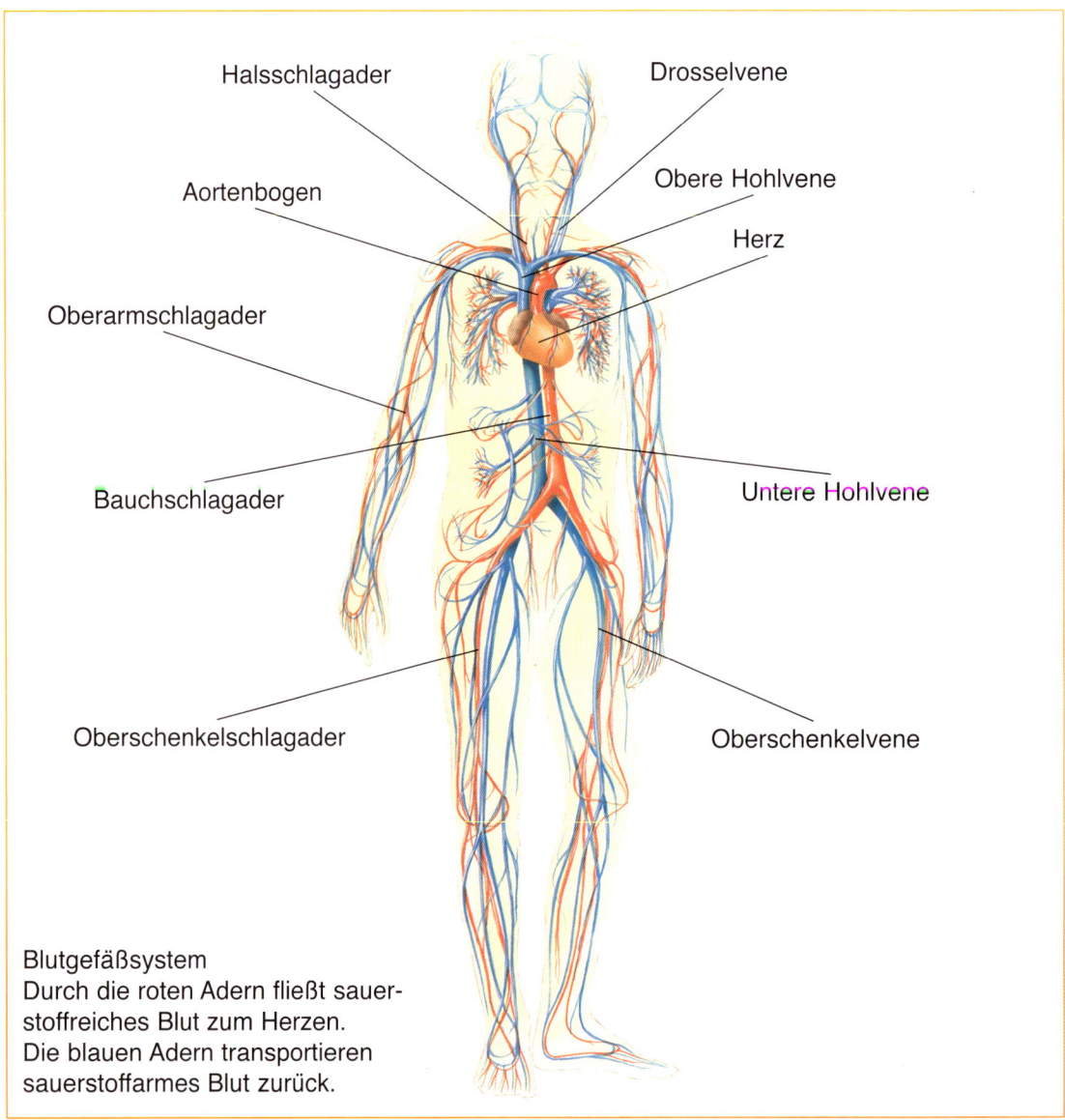

Halsschlagader

Drosselvene

Aortenbogen

Obere Hohlvene

Herz

Oberarmschlagader

Bauchschlagader

Untere Hohlvene

Oberschenkelschlagader

Oberschenkelvene

Blutgefäßsystem
Durch die roten Adern fließt sauerstoffreiches Blut zum Herzen.
Die blauen Adern transportieren sauerstoffarmes Blut zurück.

Der Blutkreislauf sorgt dafür, dass Sauerstoff und andere Stoffe überall im Körper verteilt werden. Das Herz hält das Blut in Bewegung. Die Adern, die vom Herz wegführen, heißen Arterien, die zum Herz hinführen, Venen.

Wenn das Herz Blut in die Arterien pumpt, dehnen sie sich im Rhythmus des Herzschlags aus. Den Puls kann man in manchen Arterien fühlen.

Miss den Puls am Gelenk oder am Hals. Zähle eine Viertelminute lang die Schläge. Nimm dann mal vier. Der Puls beträgt bei Säuglingen 120, bei Kleinkindern 100 und bei Erwachsenen 60 bis 80 Schläge pro Minute.

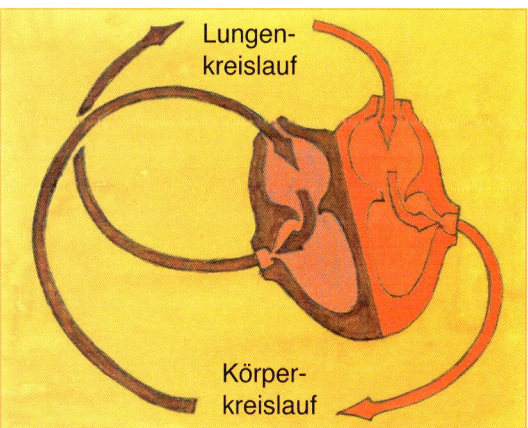

Große Herzen schlagen seltener: beim Elefanten 25-mal pro Minute, bei der Maus 20-mal so schnell.

Das Blut transportiert Sauerstoff, den du beim Einatmen aufnimmst. Jede Zelle braucht Sauerstoff.

Das Herz

Wir sagen, das Herz hüpft vor Freude oder rutscht bei Angst in die Hose. Gefühle entstehen im Gehirn, beeinflussen aber direkt unser Herz.

Schnitt durch das Herz

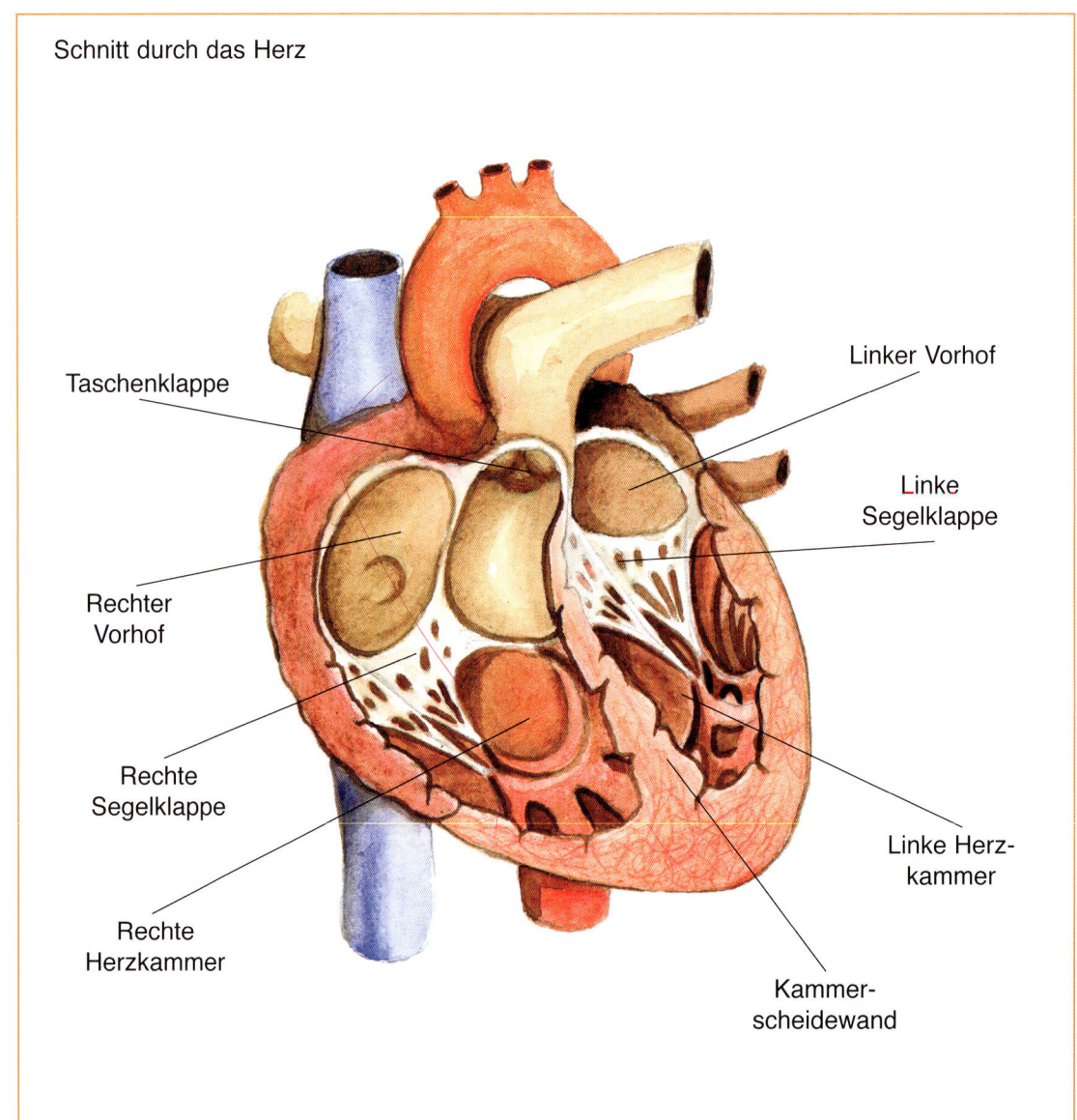

Taschenklappe

Linker Vorhof

Linke Segelklappe

Rechter Vorhof

Rechte Segelklappe

Linke Herz-kammer

Rechte Herzkammer

Kammer-scheidewand

Das Herz sieht ganz anders aus, als es auf Liebesbriefen gemalt wird. Das Herz ist ein Muskel mit kräftigen Wänden, etwa so groß wie deine Faust. Es sorgt dafür, dass das Blut im Körper in Umlauf bleibt.

Die Arbeit, die ein Herz an einem Tag verrichtet, entspricht der Leistung eines Mannes, der zwei schwere Kartoffelsäcke auf den Eiffelturm trägt.

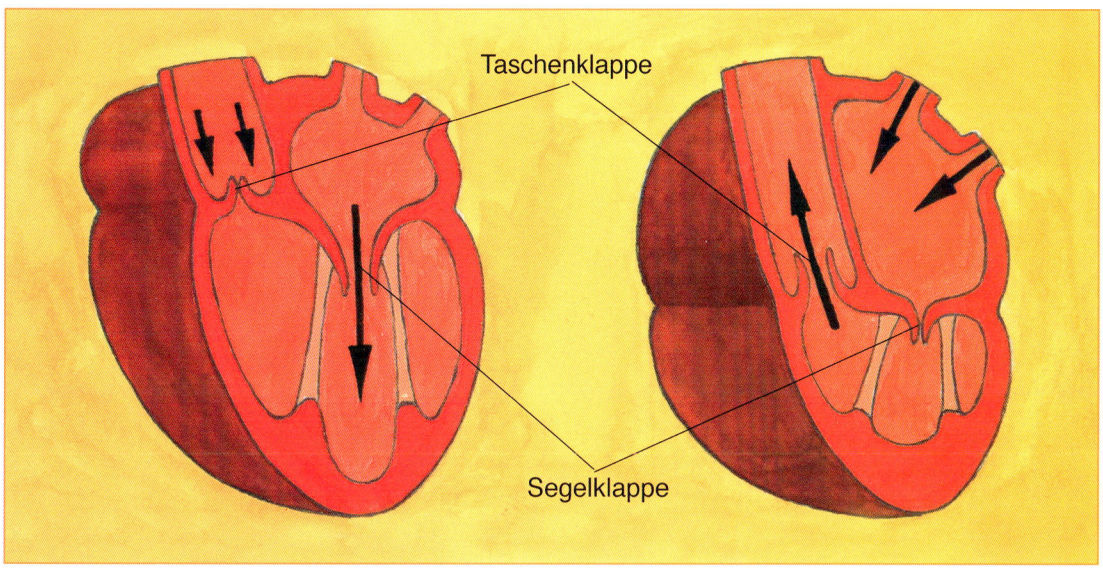

Taschenklappe

Segelklappe

Ziehen sich die Herzkammern zusammen, schließen sich die Segelklappen – das Blut kann nicht zurückfließen. Nun öffnen sich die Taschenklappen, damit das Blut die Herzkammer in diese Richtung verlassen kann.

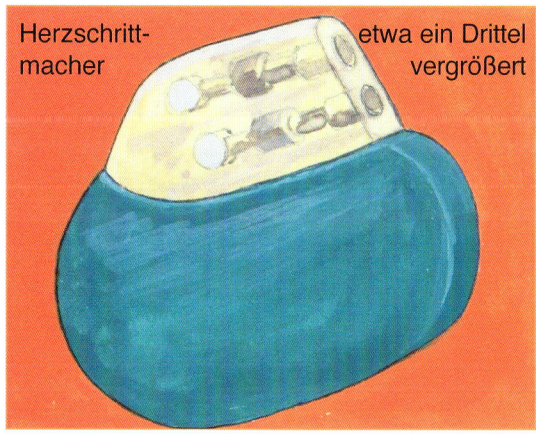

Herzschrittmacher   etwa ein Drittel vergrößert

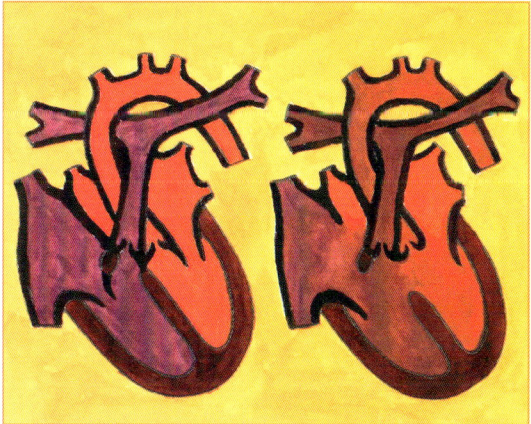

Herzschrittmacher senden kleine Stromstöße aus und zwingen dem Herzen ihren Rhythmus auf.

Manche Kinder kommen mit einem Loch im Herzen auf die Welt. Sie werden beim Spielen schnell müde.

Das Blut

Blut wird zu allen Organen gepumpt. Es bringt Sauerstoff und transportiert Abfallprodukte ab. Eine Blutuntersuchung hilft Krankheiten zu erkennen.

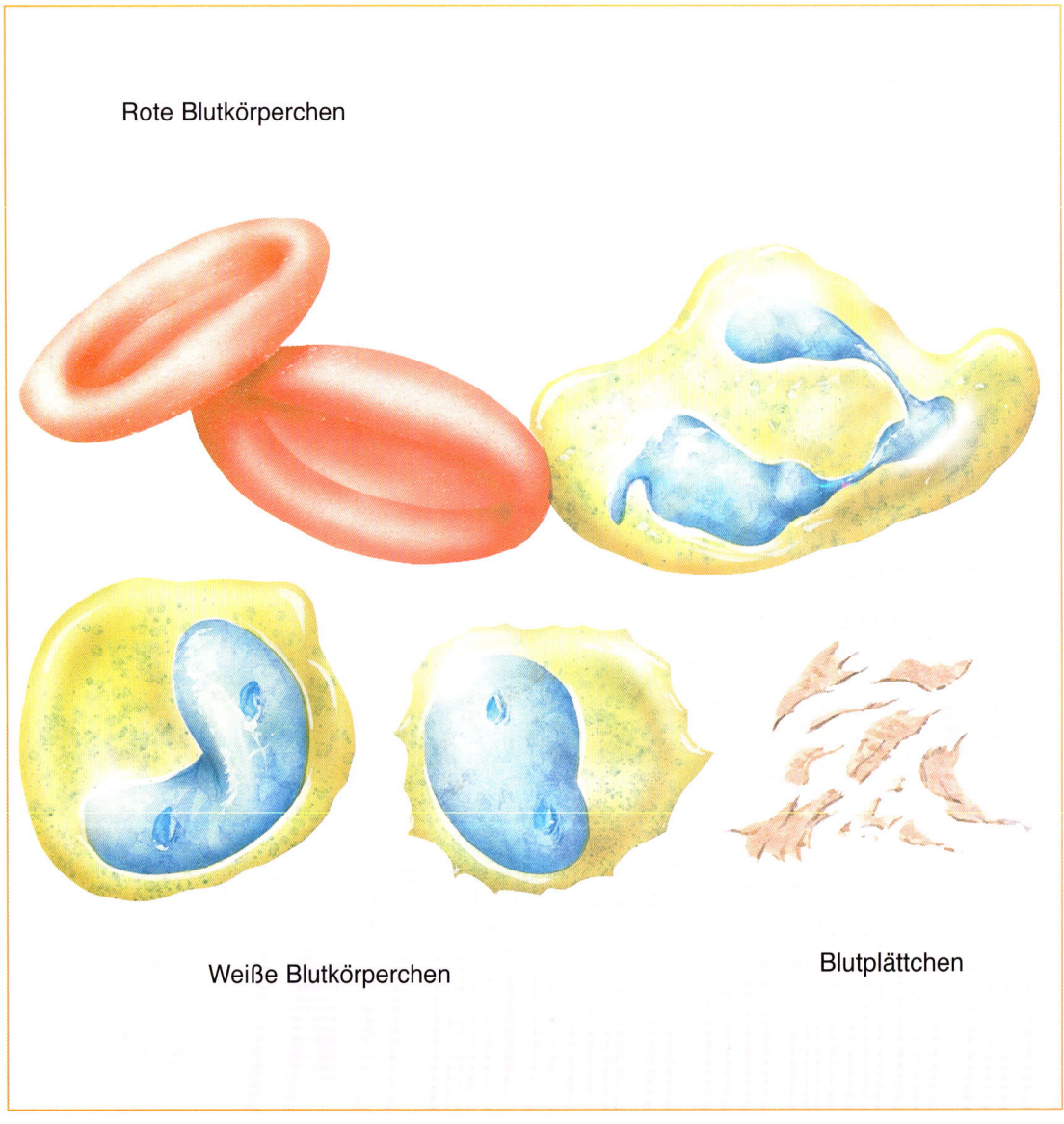

Rote Blutkörperchen

Weiße Blutkörperchen

Blutplättchen

Blut besteht je zur Hälfte aus salzigem Wasser und aus roten und weißen Blutkörperchen sowie Blutplättchen. Rote Blutkörperchen leben nur vier Monate, aber dein Körper stellt jede Sekunde zwei Millionen neue her.

Blutplättchen sorgen dafür, dass das Blut gerinnt. Die weißen Blutkörperchen brauchst du, um dich gegen Krankheiten zu verteidigen.

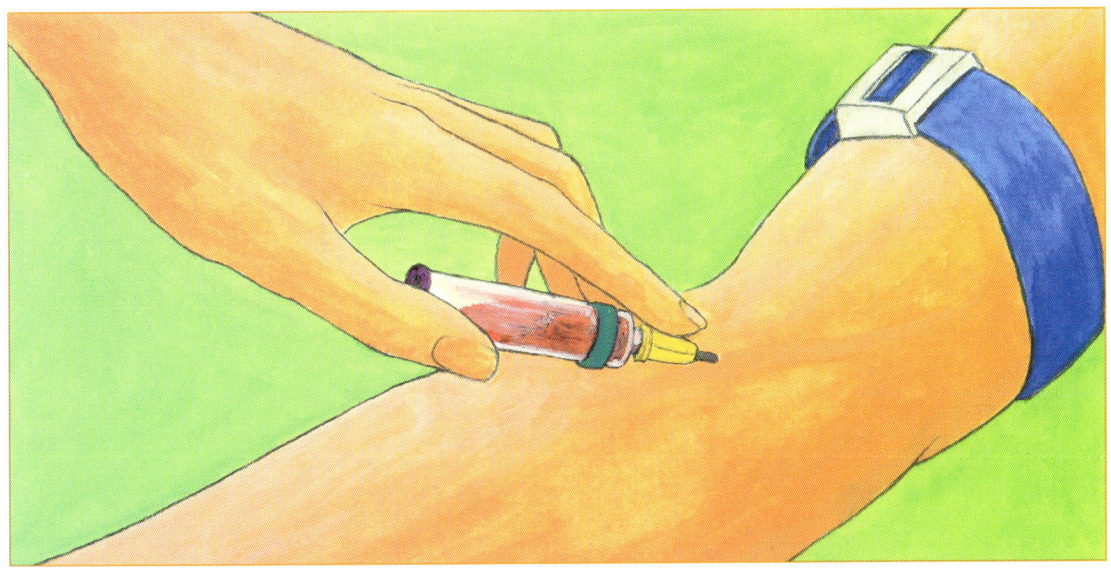

Zum Blutabnehmen bindet dir die Schwester einen Schlauch um den nackten Oberarm, damit das Blut nicht so schnell abfließen kann. Nun piekst es kurz, und sie zieht eine Blutprobe in die Spritze.

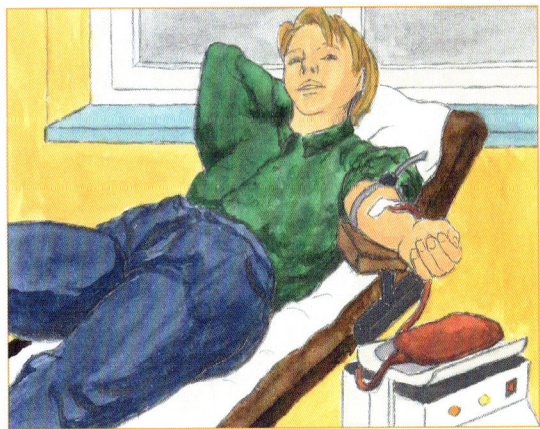

Viele Krankenhäuser sammeln Blutspenden. Erwachsene spenden Blut und helfen damit Unfallopfern.

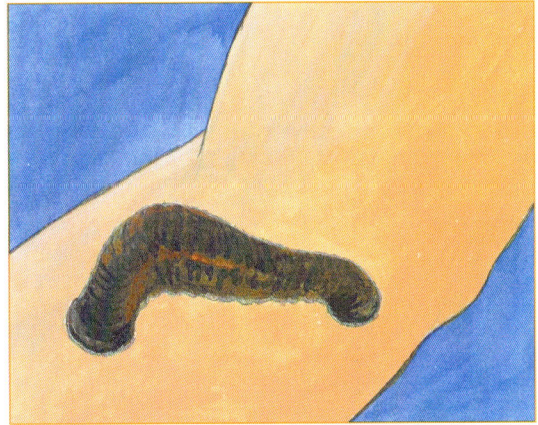

Wenn ein Blutegel bei dir saugt, spritzt er seinen Speichel ein. Das Blut gerinnt dann weniger schnell.

Brust und Bauch

Der Bauch enthält die meisten Organe. Dort liegen Magen, Darm, Leber, Bauchspeicheldrüse, Nieren, Milz und die Geschlechtsorgane der Frau.

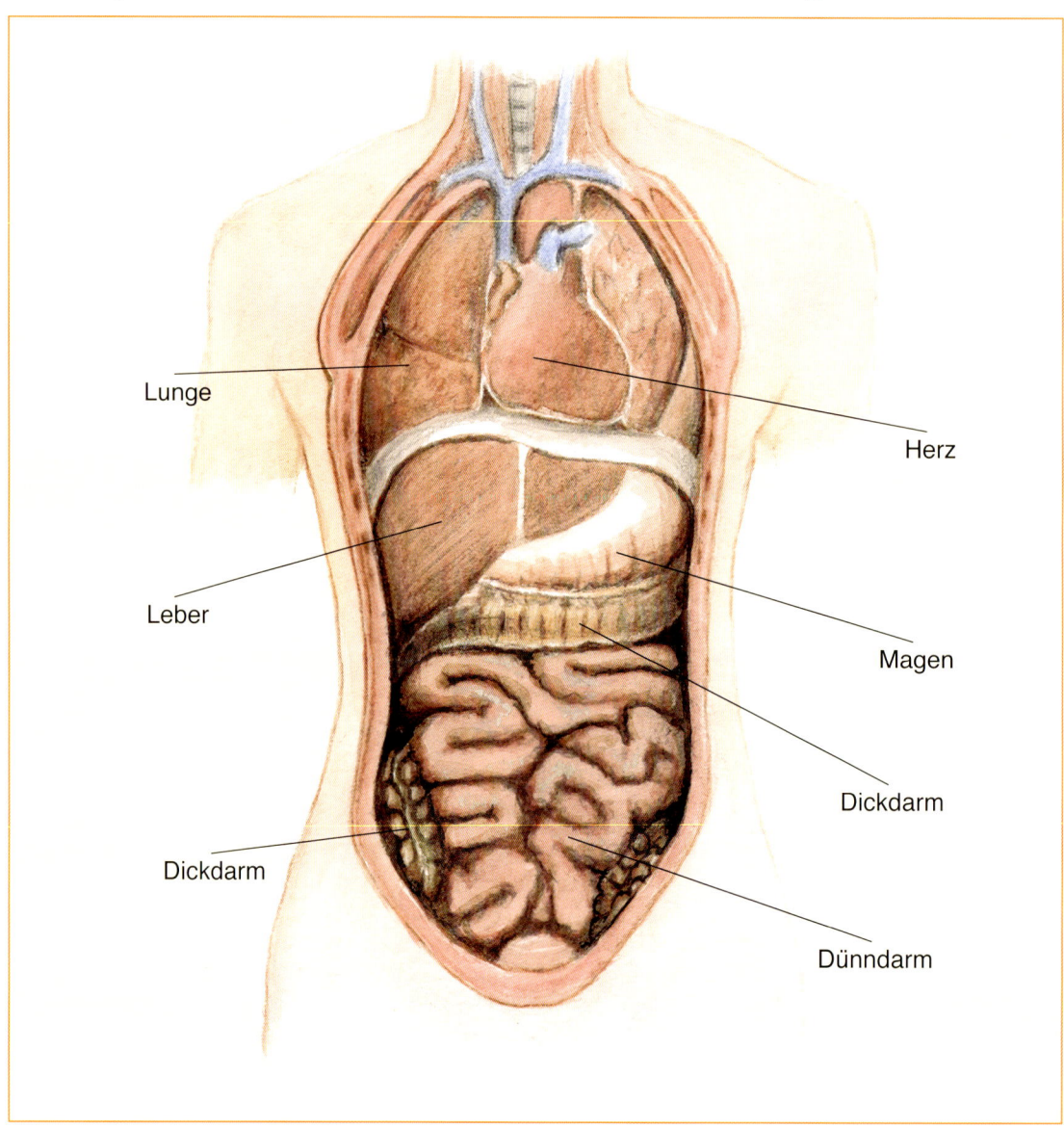

Bauchweh kann ganz verschiedene Gründe haben. Es kann harmlos sein, wenn etwa nach zu viel Essen der Magen kneift oder du Angst vor einem Diktat in der Schule hast. Hält es an, solltest du zu einem Arzt gehen.

Manche Organe, wie die Leber, tun nicht weh. Deshalb kannst du schlecht beschreiben, was dir fehlt. Der Arzt erkennt eine Krankheit an Anzeichen.

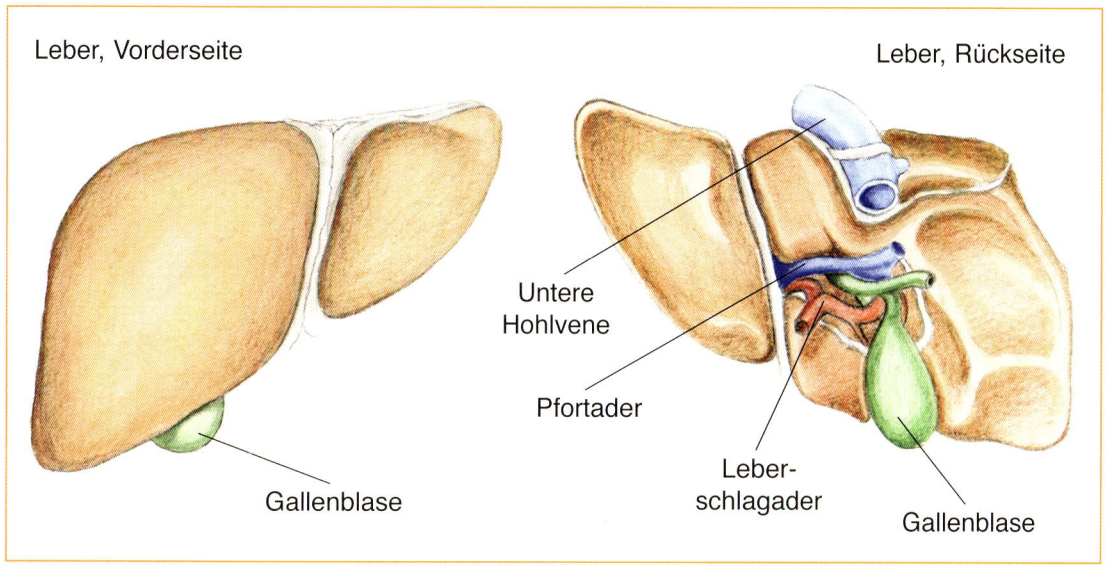

Leber, Vorderseite

Leber, Rückseite

Untere
Hohlvene

Pfortader

Leber-
schlagader

Gallenblase

Gallenblase

Die Leber stellt Galle her, die dir hilft, fettige Pommes frites zu verdauen. Sie speichert Zucker, sortiert zu alte rote Blutkörperchen aus und baut Medikamente, Alkohol und andere Stoffe ab. Sie entgiftet den Körper.

In solchen Schmuckgefäßen wurden die inneren Organe der ägyptischen Pharaonen bestattet.

Hast du etwas Verdorbenes gegessen, musst du erbrechen. Dadurch schützt sich dein Magen.

Atmung

Du atmest automatisch und selten bewusst ein und aus. Du kannst die Luft nur eine Zeit lang anhalten, dann beginnst du weiterzuatmen.

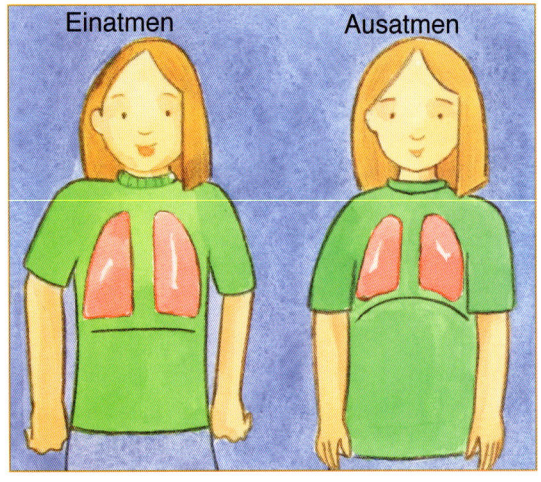

Beim Einatmen zieht sich das Zwerchfell zusammen. Erschlafft es, wird die Atemluft ausgestoßen.

Du gähnst bei Sauerstoffmangel und vor Müdigkeit und Langeweile. Gähnt einer, gähnen bald alle.

Wer hat mehr Luft in den Lungen? Hole Luft, blase ein Mal in einen Luftballon, ohne neu Luft zu holen. Lass das auch deine Mama machen, dann vergleicht die Größe der Luftballons. Deine Lungen fassen weniger Luft.

Die Luftröhre teilt sich, verzweigt sich in die Lungenflügel und endet in traubenähnlichen Lungenbläschen. Hier tritt der Sauerstoff ins Blut über.

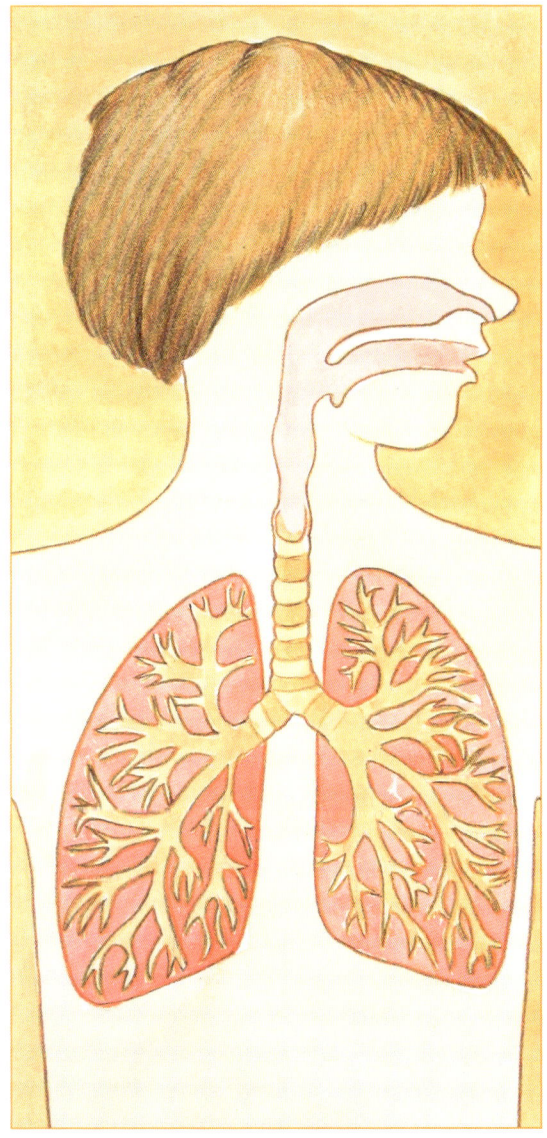

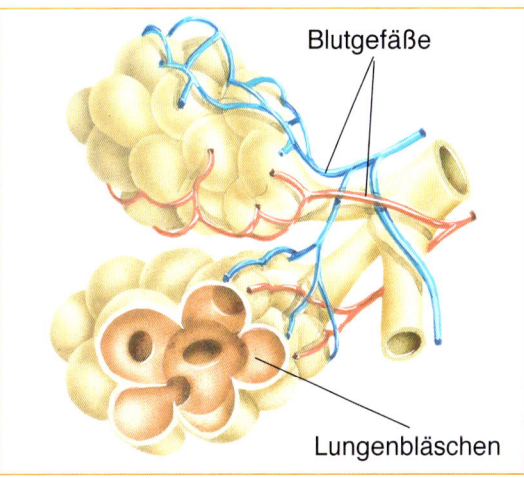

Blutgefäße

Lungenbläschen

In den Lungenbläschen nimmt das Blut Sauerstoff auf und gibt Kohlendioxid ab, das du ausatmest.

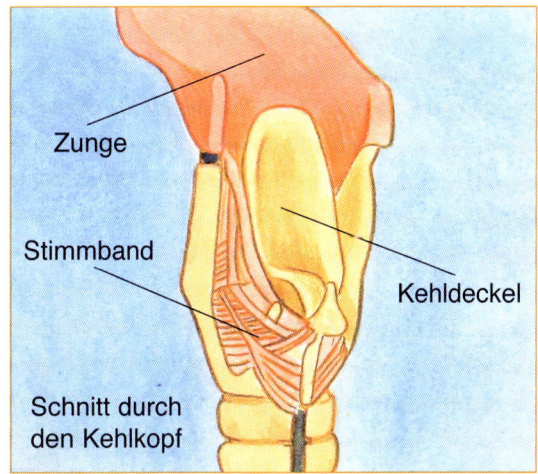

Zunge

Stimmband

Kehldeckel

Schnitt durch den Kehlkopf

Die Luftröhre verästelt sich in der Lunge. Die ganz winzigen Röhrchen nennt man Bronchiolen.

Deine Stimme entsteht durch die Stimmbänder. Den Laut formst du mit Zunge, Nase und Lippen.

Verdauung

Die Verdauung beginnt schon im Mund, wenn sich das Essen mit Speichel vermischt. Magen und Darm sind die wichtigsten Verdauungsorgane.

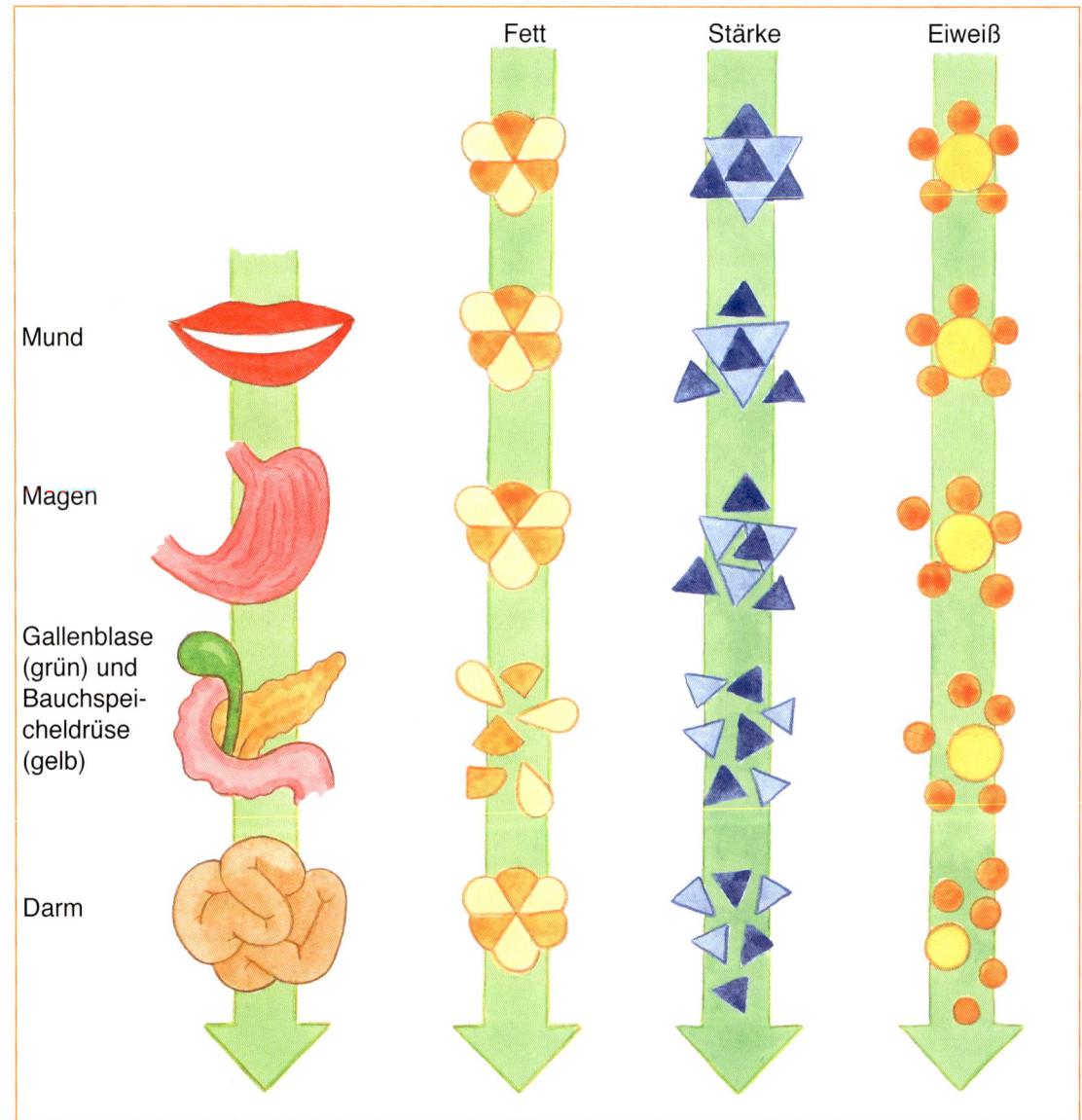

Brot wird im Mund zerlegt. Wenn du lange kaust, wird es süß, denn Stärke wird zu Zucker umgebaut. Dein Frühstücksei wird im Magen zerlegt, die Butter im Dünndarm. Mit Ölsardinen hat der Magen fünf Stunden zu tun.

Im Dickdarm bleibt die Nahrung etwa acht bis zwölf Stunden. Im Darm leben Milliarden nützlicher Bakterien, die helfen, die Nahrung zu verdauen.

Willst du es dem Magen und Darm nicht zu schwer machen, musst du gut kauen: Gut gekaut ist halb verdaut. Der Speichel mischt die Nahrung mit Enzymen, kleinen Werkzeugen aus Eiweiß, die sie zerlegen.

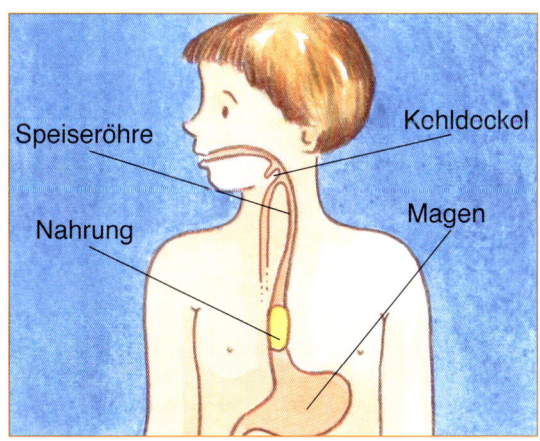

Der Kehldeckel schließt die Luftröhre beim Schlucken. So nimmt die Nahrung den richtigen Weg.

Deine Verdauung funktioniert ohne Befehle des Gehirns. Vor Aufregung kannst du aber Durchfall haben.

Kalorien

Der Körper braucht Energie, wenn du spielst, wenn du rennst, sogar wenn du schläfst. Er bekommt sie durch die Nahrung.

Ein Bauarbeiter verbraucht, wenn er schwer arbeitet, in der Stunde 800 Kilokalorien, abgekürzt kcal.

Wenn du statt des Aufzugs Treppen steigst, verbrauchst du innerhalb von sechs Minuten 55 kcal.

Der Postbote oder die Kellnerin, die bei ihrer Arbeit laufen, verbrauchen in einer Stunde 300 kcal.

Bei Hausaufgaben braucht dein Körper, selbst wenn dir der Kopf raucht, nur 110 kcal in der Stunde.

Auch wenn dein Körper ruht, muss er sich um Körpertemperatur, um Verdauung und Kreislauf kümmern.

Selbst im Liegen und beim Lesen in diesem Buch brauchst du Energie: 60 kcal pro Stunde.

Isst du einen Teller Spaghetti mit Tomatensoße, hat das etwa 320 kcal. Wasser hat keine Kalorien.

Wenn du einen Cheeseburger isst, nimmst du etwa 350 kcal auf, mit einem Glas süßer Limo 100 kcal.

Trinken und Ausscheiden

Wenn du isst und trinkst, nimmst du Flüssigkeit auf. Durch den Atem, den Schweiß, den Stuhlgang und das Pipi gibst du Flüssigkeit wieder ab.

Am Tag solltest du mindestens eineinhalb Liter trinken. Wenn du wenig getrunken hast, ist dein Pipi sehr gelb. Das zeigt, dass viele Abfallstoffe darin schwimmen. Statt Pipi sagt man auch Urin oder Harn.

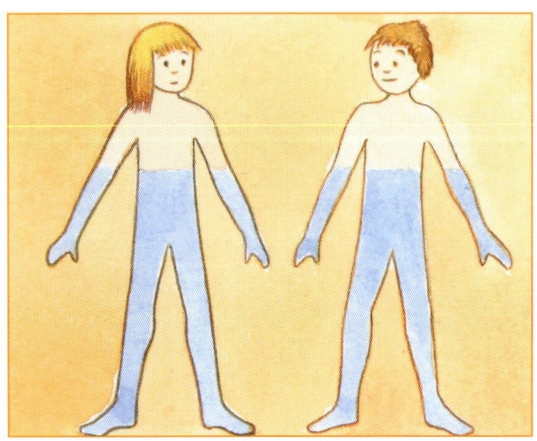

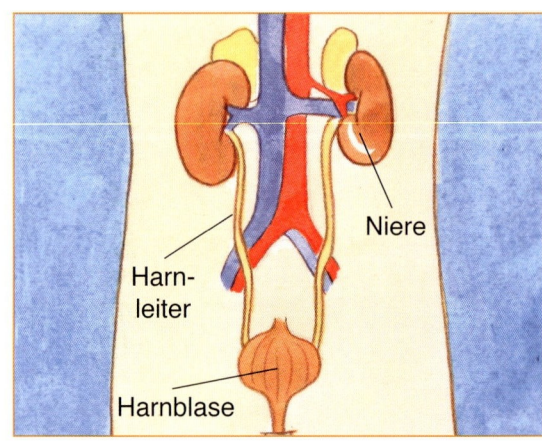

Niere

Harn-
leiter

Harnblase

Du bestehst zu etwa zwei Drittel aus Wasser. Wenn du 30 Kilogramm wiegst, sind das 20 Liter.

Innerhalb von fünf Minuten fließt all dein Blut durch die Nieren. Sie filtern Salze und andere Stoffe aus.

Trinkst du zu wenig, können deine Nieren nicht gut arbeiten. In deinen Gelenken setzen sich Stoffe ab.

Wenn sich die Blase mit Urin gefüllt hat, meldet sie sich. Du musst dann zur Toilette.

Schwitzen und Frieren

Tauchst du deinen Arm in Wasser und lässt ihn trocknen, wird er kalt. Auch wenn Schweiß auf der Haut trocknet, entsteht Verdunstungskälte.

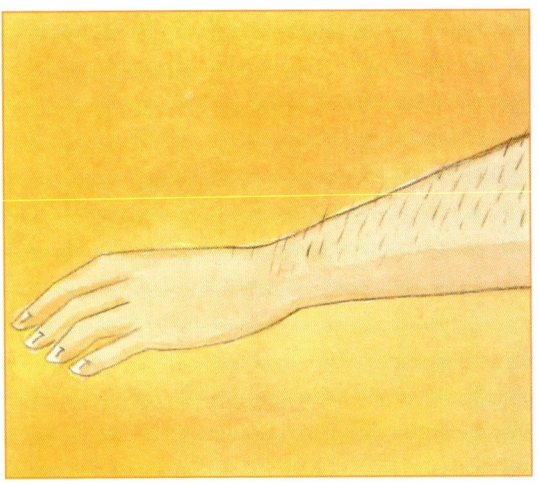

Frierst du, ziehen sich die kleinen Muskeln in der Haut zusammen. Du hast eine Gänsehaut.

Damit dein Körper nicht überhitzt, wenn du dich bewegst, schwitzt du. Der Körper kühlt sich selbst.

Am Strand solltest du, auch wenn es warm ist, etwas Langes tragen. Das schützt dich vor der Sonne.

Deine Körpertemperatur liegt etwa bei 36,5 °C. Bekämpft dein Körper Krankheiten, bekommst du Fieber.

Gesundheit und Krankheit

Schlaf und Traum

Was könnte man nicht alles erleben, wenn man weniger Zeit verschlafen würde! Wenn du aber nicht schläfst, wirst du reizbar und angriffslustig.

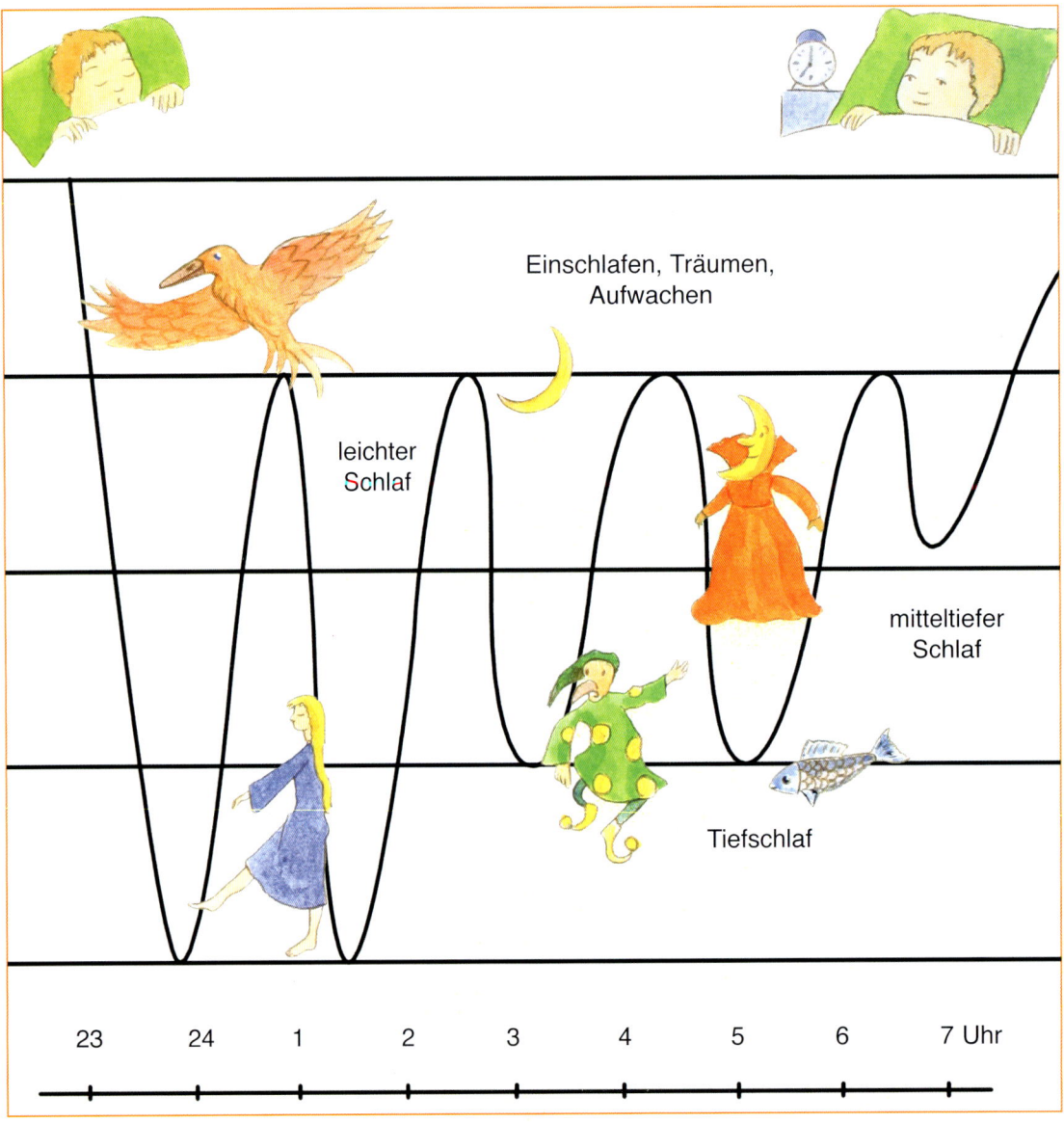

Einschlafen, Träumen, Aufwachen

leichter Schlaf

mitteltiefer Schlaf

Tiefschlaf

23   24   1   2   3   4   5   6   7 Uhr

Während du schläfst, schlägt dein Herz langsamer, du atmest weniger schnell, deine Körpertemperatur sinkt. Es gibt Phasen in der Nacht, in denen du tief schläfst, andere, in denen du leichter aufzuwecken bist.

Wenn du müde wirst, brennen deine Augen leicht. Sie werden trocken.
Manchmal reibst du die Augen. Nun ist es Zeit ins Bett zu gehen.

Säugling: 18 Stunden

3-Jährige: 12 Stunden

Erwachsene: 7 bis 8 Stunden

Alte: 6 Stunden

Mit zunehmendem Alter braucht der Mensch immer weniger Schlaf.
Säuglinge verschlafen fast den ganzen Tag und die ganze Nacht,
dagegen liegen alte Menschen oft abends lange wach.

Während der Nacht ändert sich der
Schlaf. In den Phasen, in denen du
träumst, bewegen sich die Augen.

Menschen bewegen sich im Schlaf.
Manche strampeln die Decke weg.
Andere wandeln auf dem Dach.

Gesunde Ernährung

Kein Nahrungsmittel ist gesund, wenn wir es immer essen müssten, selbst Äpfel nicht. Es kommt auf eine gute Mischung der Lebensmittel an.

Über die Nahrung bekommt der Körper Energie, um zu wachsen, sich zu bewegen und die Temperatur bei 36,5 °C zu halten. Dazu muss der Körper Stoffe aufnehmen, die er nicht selbst herstellen kann, etwa Vitamine.

Ballaststoffe kommen im Gemüse und Vollkornbrot vor. Zu wenig Ballaststoffe führen zu Verstopfung.

Vor allem Obst, Eigelb, Fleisch und Nüsse enthalten 13 verschiedene Vitamine, die der Körper braucht.

Mineralstoffe, die du zum Wachsen brauchst, befinden sich in Milch und Milchprodukten.

Von den Lebensmitteln an der Spitze braucht der Körper wenig, von denen an der Basis jedoch viel.

Zucker, Honig, Butter

Eier, Nüsse, Joghurt, Schnitzel, Bohnen

Obst und Gemüse

Haferflocken, Kartoffeln, Nudeln, Brot, Reis

Sport und Gesundheit

In der Schule sitzt du viel. Dem Rücken tut es deswegen gut, wenn du oft Rückenschwimmen gehst.

Nur fernzusehen, ist nicht gut. Wer sich zu wenig bewegt, kann zucker- oder herzkrank werden.

Für den Körper ist Bewegung sehr wichtig. Dazu musst du nicht Sport treiben. Seilhüpfen, Ballspiele oder Schlittenfahren sind auch sehr gesund.

Wenn du in die Schule geradelt bist, bist du besser in Form. Dein Körper ist wach und gut durchblutet.

Wer sich viel bewegt, wird immer geschickter. Beim Sport lernt man exakte Bewegungen.

Mit dem Auto zur Schule? Das ist nicht nur schlecht für die Umwelt, sondern auch für deine Gesundheit.

Körperliche Behinderung

Es gibt Kinder, die nicht sehen, hören oder gehen können. Sie sind körperlich behindert. Sie sind aber nicht krank. Sie sind eben anders.

Blinde nehmen oft Geräusche und Gerüche intensiver wahr als du. Ein Stock hilft ihnen den Weg zu finden.

Kinder, die nicht hören, reden durch Gesten miteinander. Sie lernen, von den Lippen anderer zu lesen.

Viele behinderte Kinder gehen in spezielle Schulen. Hilfreicher wäre es allerdings, wenn man sie in normale Klassen eingliederte. Dadurch würde der Umgang zwischen Nichtbehinderten und Behinderten entkrampft.

Für körperbehinderte Sportler gibt es eine spezielle Olympiade. Man nennt sie Paralympics.

Manche Behinderungen hat man ab der Geburt, andere entstehen bei Unfällen. Ein Helm schützt.

Wundheilung

Wenn du dich geschnitten hast, hat deine Haut ein Loch. Bakterien können in den Körper kommen. Schütze deshalb Wunden vor Schmutz.

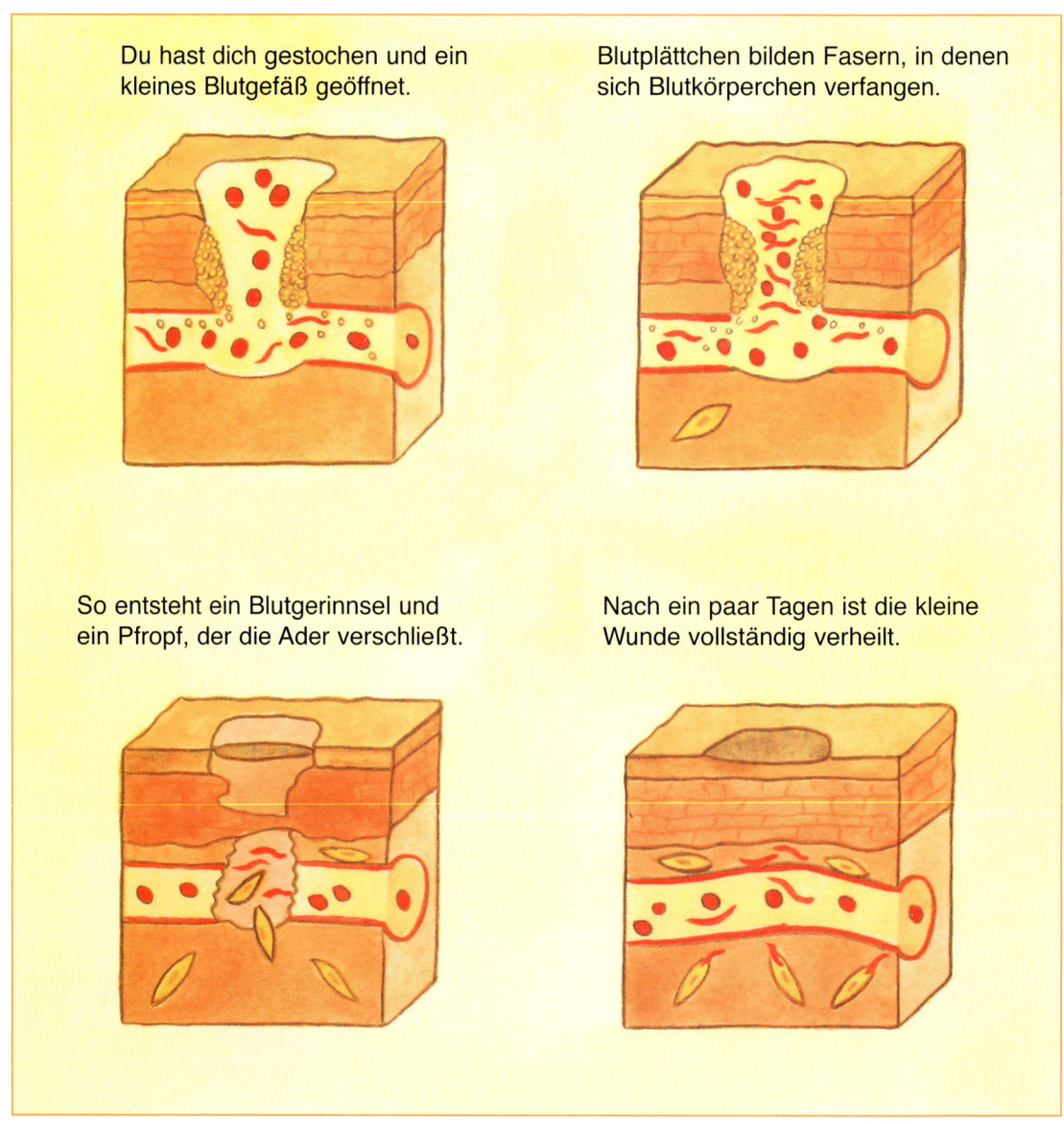

Du hast dich gestochen und ein kleines Blutgefäß geöffnet.

Blutplättchen bilden Fasern, in denen sich Blutkörperchen verfangen.

So entsteht ein Blutgerinnsel und ein Pfropf, der die Ader verschließt.

Nach ein paar Tagen ist die kleine Wunde vollständig verheilt.

Bei kleinen Verletzungen blutet die Wunde kurz, dann bilden die Blutplättchen Fasern, in denen sich weitere Zellen verfangen. Das Blut gerinnt. Es bildet sich ein Schorf, der die Wunde abdeckt, bis sie verheilt ist.

Willst du wissen, wie du bei Verletzungen helfen kannst, so besuche einen Erste-Hilfe-Kurs für Kinder. Dort lernst du, wie man eine Wunde verbindet.

Größere Wunden wäschst du mit klarem Wasser aus. Hast du ein Jodspray, sprühe etwas auf die Wunde. Lege nun ein Mulltuch auf. Es muss ganz frisch aus der Packung kommen. Verbinde nun den Patienten.

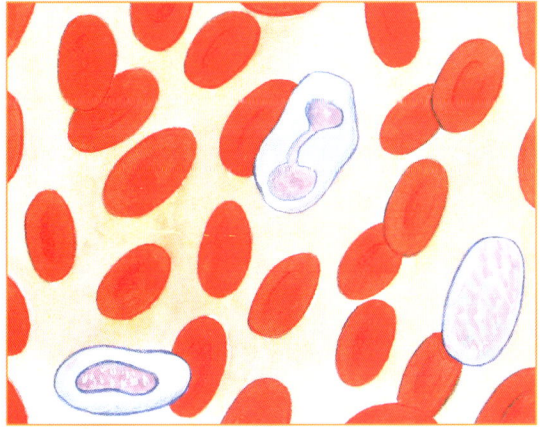

Weiße Blutkörperchen sind doppelt so groß wie rote. Sie fressen Krankheitserreger einfach auf.

Geronnenes Blut unter dem Mikroskop: Man sieht Knäuel aus Blutkörperchen und Fasern.

Tabak, Alkohol und Drogen

Drogen machen Menschen abhängig. Tabak, Alkohol oder Rauschgifte wie Opium, Heroin oder LSD sind für Kinder in jeder Menge schädlich.

Heroin betäubt. Ehe die Ärzte wussten, dass es süchtig macht, diente es als Schmerzmittel. Süchtige spritzen das Heroin ein. Wenn du eine Spritze findest, fasse sie nicht an! Du könntest dich mit Aids anstecken.

Für Kinder und Jugendliche sind Drogen noch schädlicher als für die Erwachsenen, denn ihr Körper wächst noch.

Manche Jugendliche trinken Alkohol, weil sie sich so erwachsener oder mutiger fühlen. Alkohol berauscht. Bei jedem Rausch sterben aber im Gehirn Tausende von Zellen ab. Außerdem wird die Leber geschädigt.

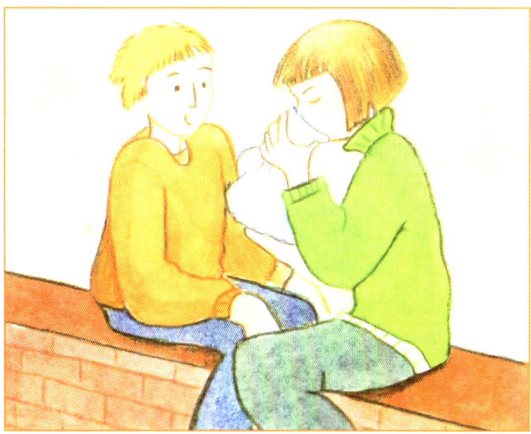

Opium stammt vom Schlafmohn. Marihuana sind die Blüten und Haschisch ist das Harz von Hanf.

Das Schnüffeln an Klebstoff macht benommen und schädigt das Hirn. Man kann nicht mehr richtig sehen.

Infektionskrankheiten

Eine Infektionskrankheit bricht aus, wenn Krankheitserreger in den Körper eindringen. Masern, Grippe oder Blutvergiftung sind Infektionskrankheiten.

Die Pest ist eine Infektionskrankheit, an der im Mittelalter in vier Jahren ein Viertel aller Europäerinnen und Europäer starb. Die Ärzte trugen Masken mit desinfizierenden Stoffen, um sich selbst nicht anzustecken.

Wenn dein Körper gesund und stark ist, dann bildet er Antikörper, die sich gegen eingedrungene Bakterien wehren und sie unschädlich machen.

   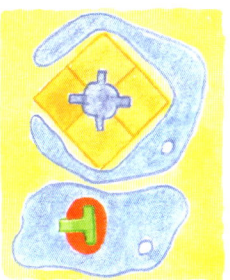

1: Im Blut schwimmen Abwehrzellen wie Fresszellen (blau) und verschiedene Antikörper (grün, beige).

2: Dringen Keime, so genannte Antigene, ein (rot, blau), setzt der Abwehrkampf des Körpers ein.

3: Antikörper und Antigene passen zusammen wie ein Schlüssel zum Schloss. Sie verbinden sich.

4: Die Fresszellen nehmen die Antigen-Antikörper-Verbindungen auf und verdauen sie.

Die meisten Bakterien bekämpft der Körper, ehe du krank wirst. Manchmal bekommst du Fieber. Das zeigt, dass dein Körper schnell Antikörper herstellt. Fieber sollte man nur bekämpfen, wenn es über 40 °C steigt.

 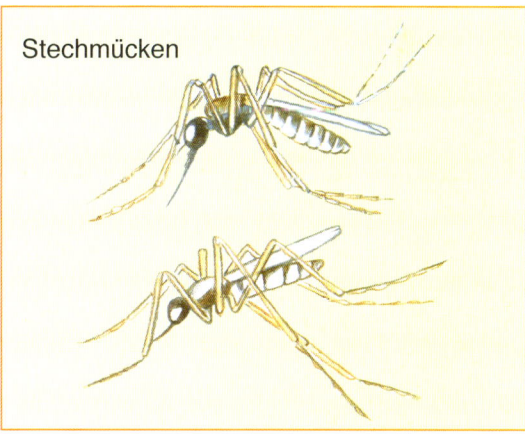

Stechmücken

Gegen viele Infektionskrankheiten wie Kinderlähmung gibt es heute vorbeugende Schutzimpfungen.

Manche Krankheiten werden durch Tiere übertragen. Malaria wird von Stechmücken übertragen.

Beim Arzt

Ärzte haben an der Universität viel über den Körper des Menschen gelernt. Wenn du krank bist, sucht der Arzt oder die Ärztin den Grund.

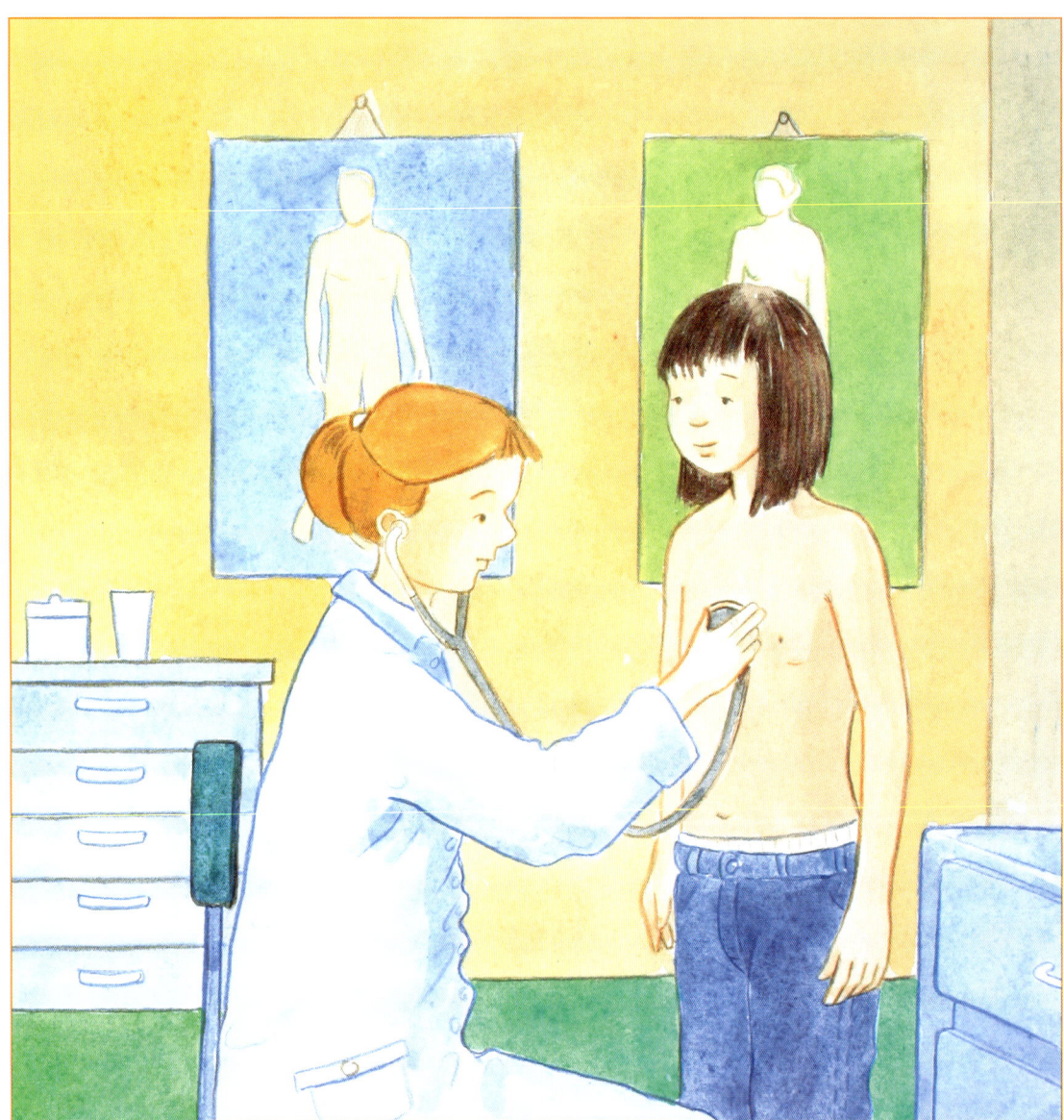

Um zu wissen, welche Krankheit du genau hast, lässt die Ärztin oder der Arzt dich erzählen, welche Beschwerden du fühlst. Manchmal wird dein Körper abgehört, dein Blut, der Urin oder der Stuhl untersucht.

Oft muss der Arzt wissen, wie es in dir aussieht. Um das feststellen zu können, wirst du geröntgt, oder man macht eine Ultraschalluntersuchung.

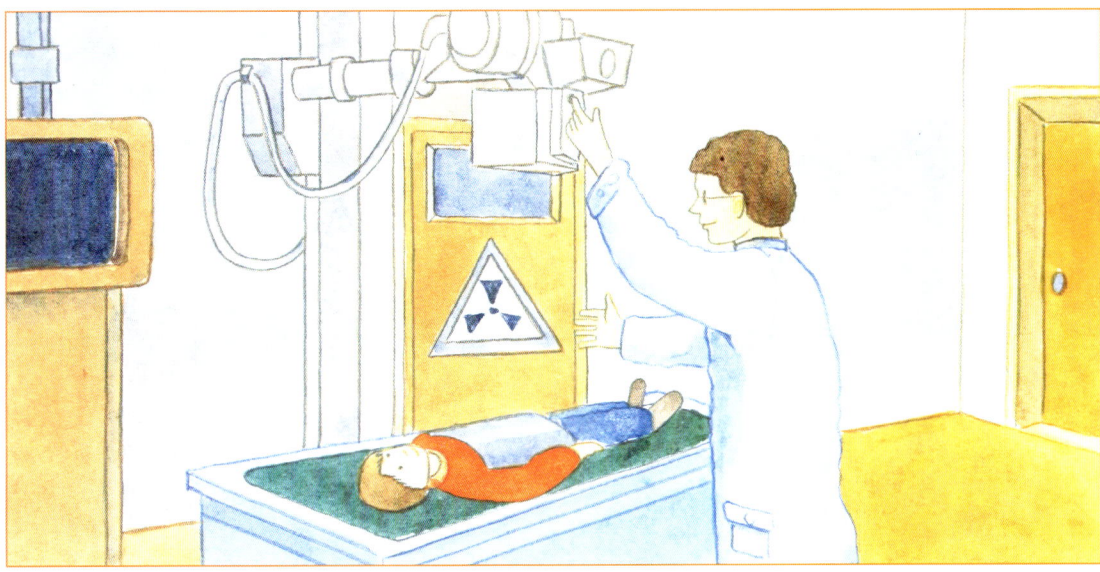

Der Röntgenapparat schickt Strahlen in deinen Körper. Er macht ein Foto, auf dem man nur Knorpel und Knochen sieht. Beim Röntgen musst du den restlichen Körper mit einer Bleischürze schützen.

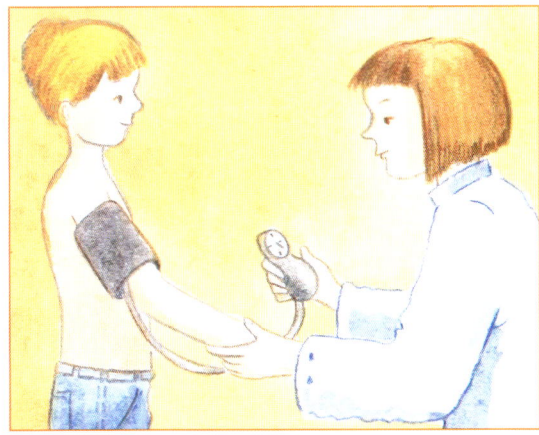

Beim Blutdruckmessen hört die Ärztin, mit welcher Kraft dein Blut durch den Körper gepumpt wird.

Wiegst du zu viel oder zu wenig, bekommst du vom Arzt Ratschläge, wie du dich ernähren sollst.

Chirurg im Krankenhaus

Es gibt Krankheiten, die man nicht von außen behandeln kann. Man muss dann operieren, um an das kranke Organ im Körperinneren zu kommen.

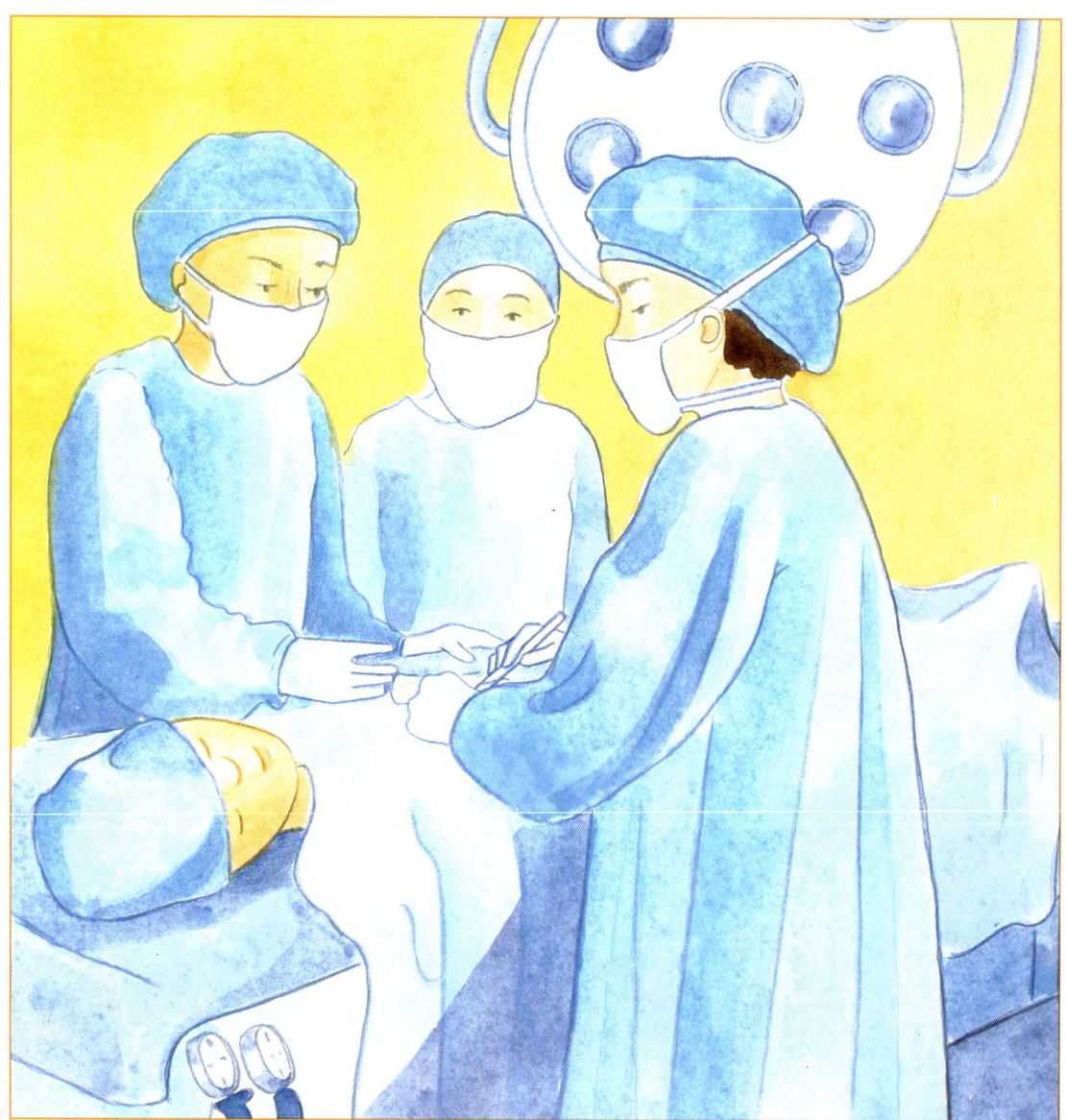

OP-Schwestern oder Ärzte reichen der Chirurgin die Instrumente. Diese sind immer keimfrei. Ärzte und Schwestern müssen vor der Operation die Hände waschen. Sie tragen einen Mundschutz und desinfizierte Kleider.

Bei größeren Operationen steht ein ganzes Team am Operationstisch.
Der Narkosearzt prüft Herzschlag, Atmung und Schlaf des Patienten.

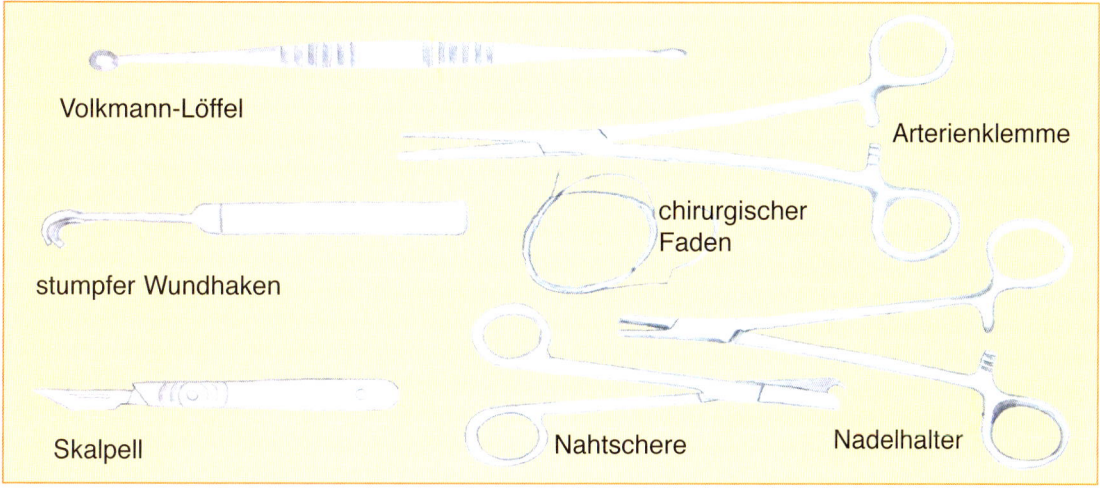

Volkmann-Löffel

Arterienklemme

chirurgischer
Faden

stumpfer Wundhaken

Skalpell

Nahtschere

Nadelhalter

Der Chirurg öffnet den Körper. Oft braucht er dafür heute keine großen
Schnitte mehr zu machen. Im Operationssaal muss es ganz sauber sein.
Vor der Operation bekommst du eine Betäubung, damit es nicht weh tut.

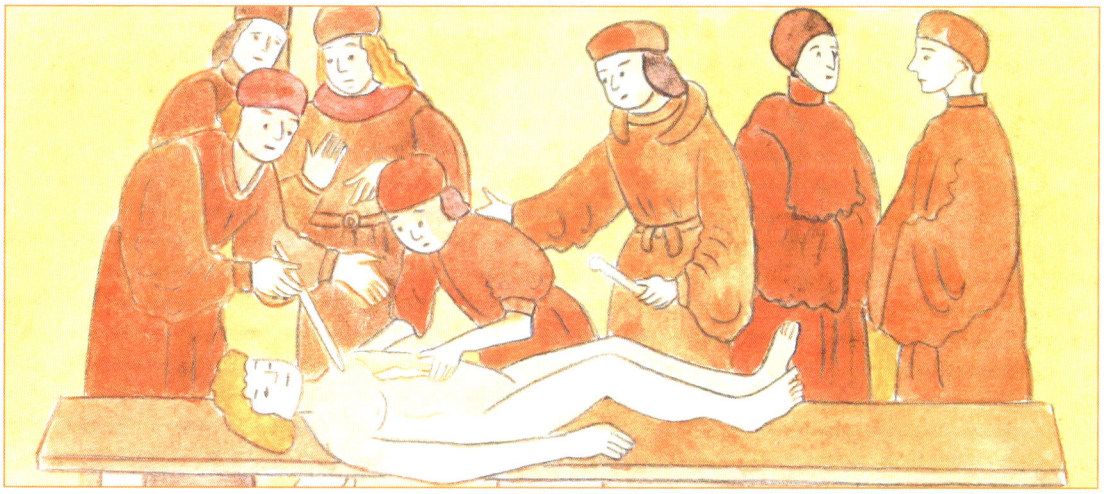

Historisches Bild einer Operation. Heute sind solche Eingriffe viel weniger
gefährlich als früher. Vor allem die Betäubungen haben sich verbessert.
Kinder erhalten andere Mittel und eine kleinere Menge als Erwachsene.

Beim Zahnarzt

Zweimal jährlich solltest du deine Zähne in einer Zahnarztpraxis untersuchen lassen, auch wenn du keine Schmerzen hast.

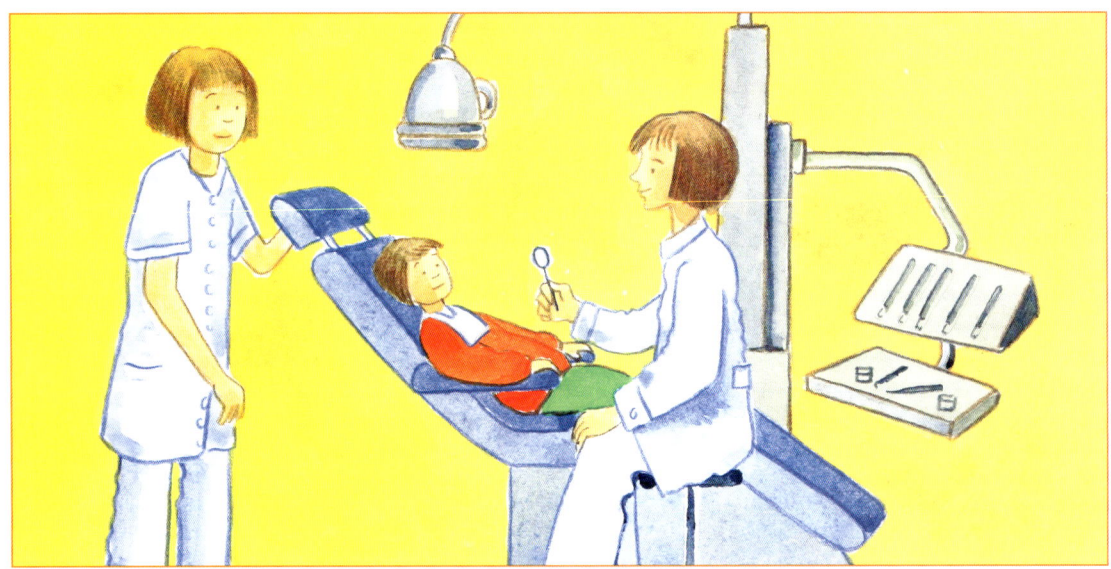

Du bekommst einen Latz und darfst dich in einen Sessel mit hoher Lehne setzen. Dann wird der Stuhl nach hinten gekippt, damit die Ärztin besser in deinen Mund sieht. Über dem Stuhl leuchtet eine sehr helle Lampe.

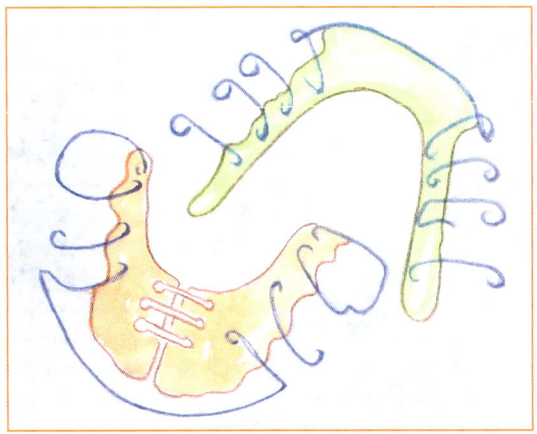

Wenn deine Zähne nicht genau aufeinander passen, rückt eine lose Spange sie zurecht.

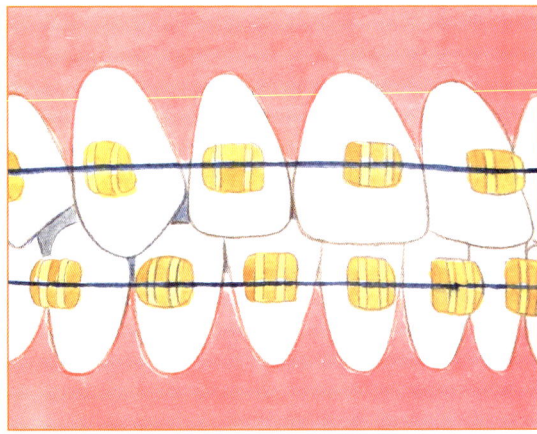

Bei einer festen Spange musst du die Zähne gründlich putzen, denn es bleiben Nahrungsreste hängen.

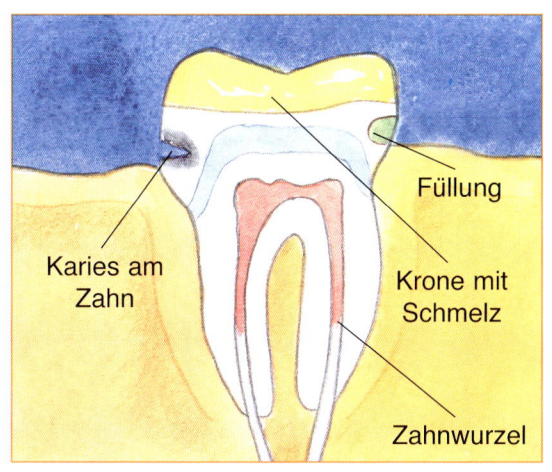

Füllung

Karies am
Zahn

Krone mit
Schmelz

Zahnwurzel

Kariesbakterien stellen Säure her,
die ein Loch in den Zahn frisst. Es
wird ausgebohrt und gefüllt.

Damit der Bohrer im Mund nicht
heiß wird, wird er während des
Bohrens durch Wasser gekühlt.

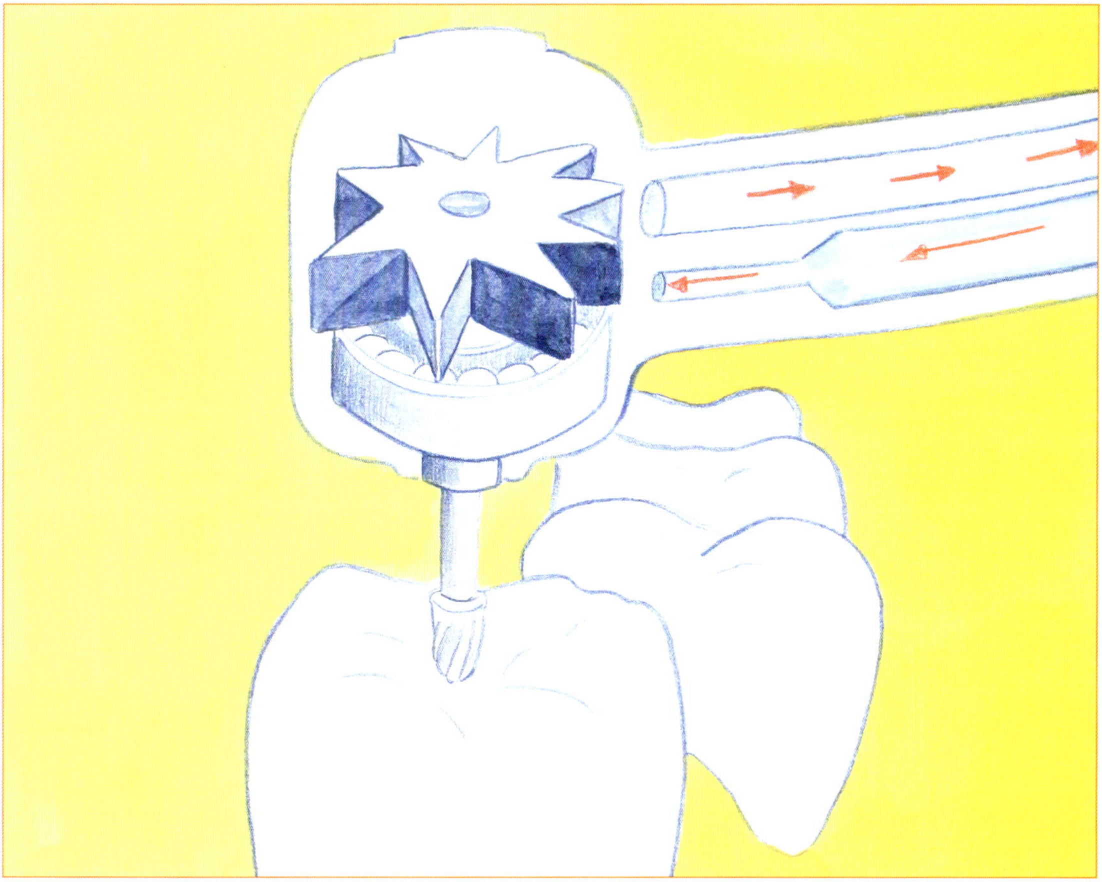

Zahnpflege

Der Mensch bekommt zweimal im Leben ein Gebiss. Das allererste kleine nennt man Milchgebiss, das zweite Dauergebiss.

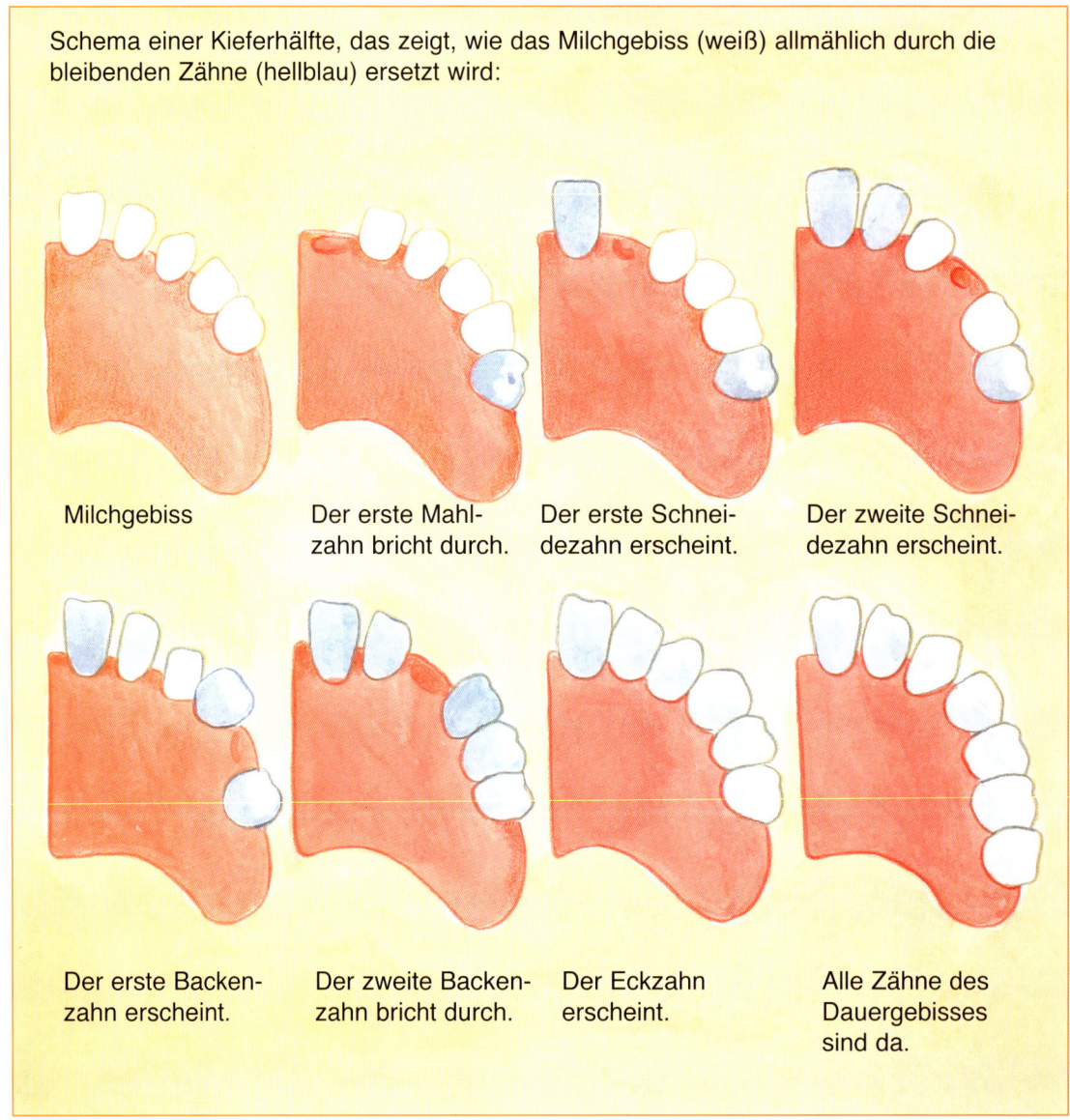

Schema einer Kieferhälfte, das zeigt, wie das Milchgebiss (weiß) allmählich durch die bleibenden Zähne (hellblau) ersetzt wird:

Milchgebiss

Der erste Mahlzahn bricht durch.

Der erste Schneidezahn erscheint.

Der zweite Schneidezahn erscheint.

Der erste Backenzahn erscheint.

Der zweite Backenzahn bricht durch.

Der Eckzahn erscheint.

Alle Zähne des Dauergebisses sind da.

Wenn du sechs Jahre alt bist, wird das erste Gebiss durch größere Zähne ersetzt. Sie sitzen schon im Kiefer und schieben sich an die Oberfläche. Das Milchgebiss hat 20 Zähne, das Dauergebiss bis zu 32 Zähne.

Löcher in den Zähnen müssen nicht sein. Iss viel rohes Obst und Gemüse und wenig süße Sachen. Putze die Zähne nach jeder Mahlzeit.

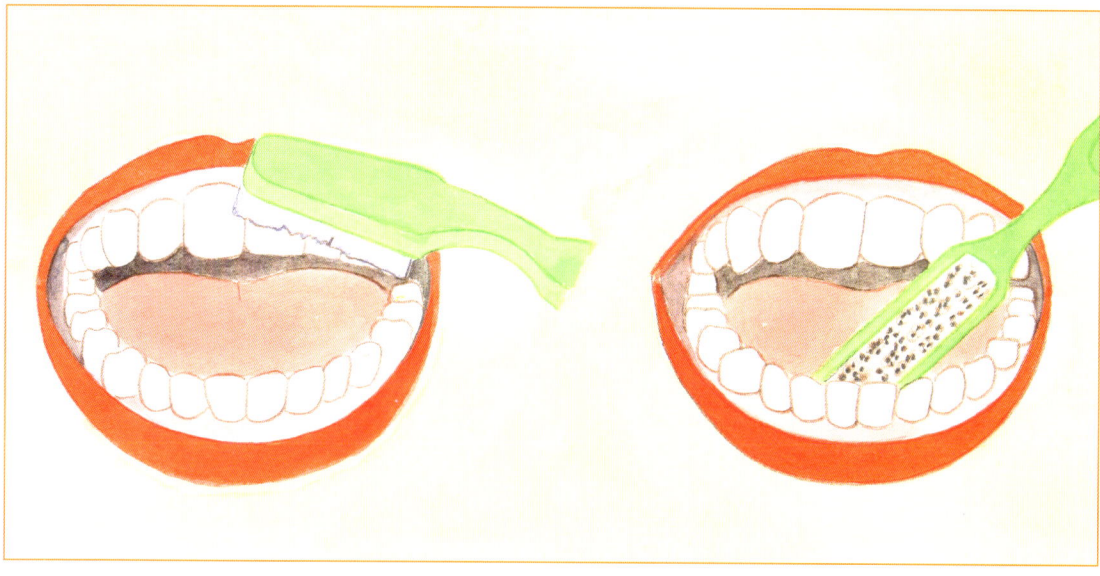

Damit das Zahnfleisch gesund bleibt, musst du die Zähne vom Zahnfleisch weg putzen. Wichtig ist, dass du die Innen- und Außenflächen der Zähne putzt. Einmal Zähneputzen dauert etwa drei Minuten.

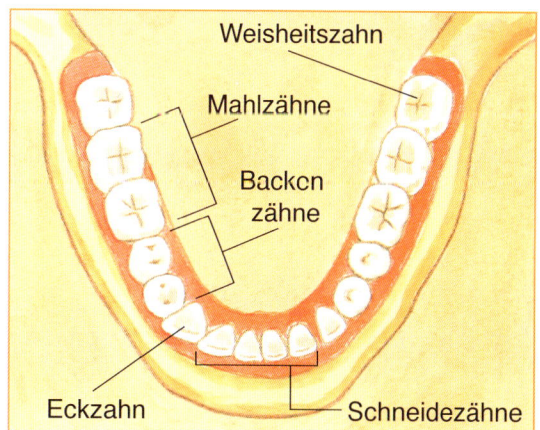

Die ersten Zähne kommen etwa mit sechs Monaten. Im zweiten Jahr hat das Kind dann alle Milchzähne.

Es gibt unterschiedliche Zähne: Die Schneidezähne beißen ab, die Mahlzähne zerreiben das Essen.

Behandlungsmethoden des Arztes

Wenn der Arzt festgestellt hat, was dir fehlt, dann sucht er nach der besten Möglichkeit, dich wieder gesund zu machen.

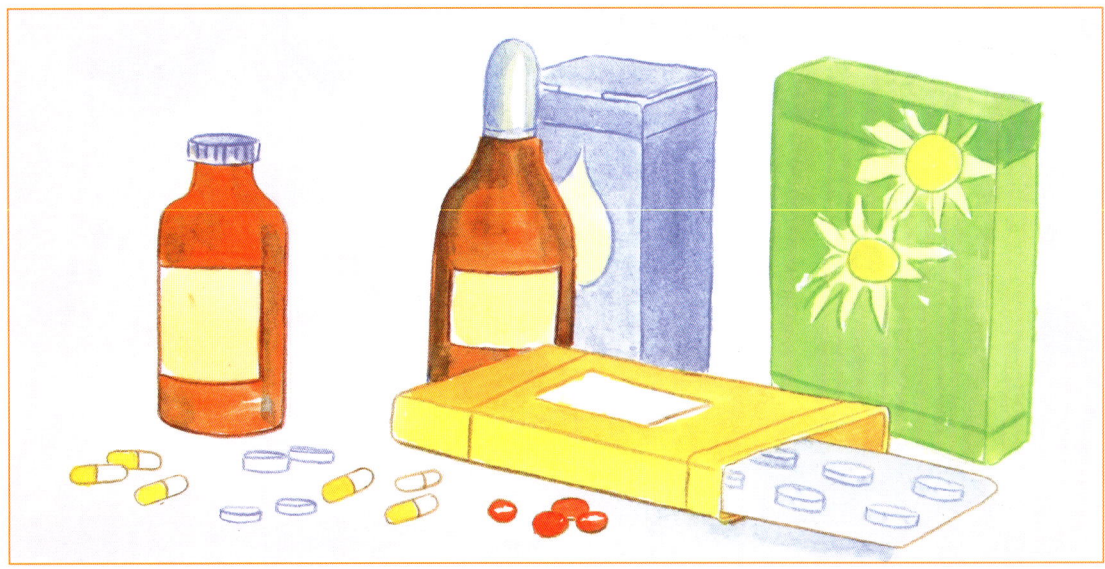

Oft bekommst du Medikamente. Der Arzt schreibt genau auf, wie viel, wann und wie lange du sie nehmen musst. Daran musst du dich halten, denn manche Arzneien schaden, wenn du zu viel oder zu wenig nimmst.

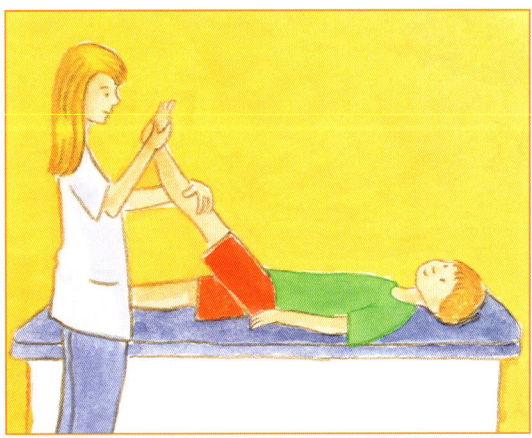

Die Krankengymnastin kennt verschiedene gute Übungen, die du auch daheim machen kannst.

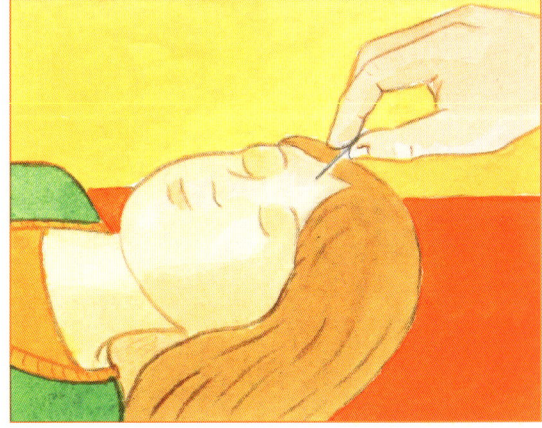

Die Akupunktur ist eine asiatische Behandlungsmethode. In die Haut werden kleine Nadeln gesteckt.

Bei Krankheiten in den Atemwegen hilft Inhalieren. Du atmest duftende Öle ein, die die Nase frei machen.

Die Behandlungsmethoden werden immer besser. Heute benutzt kein Arzt mehr ein solches Stethoskop.

Alte Arztinstrumente

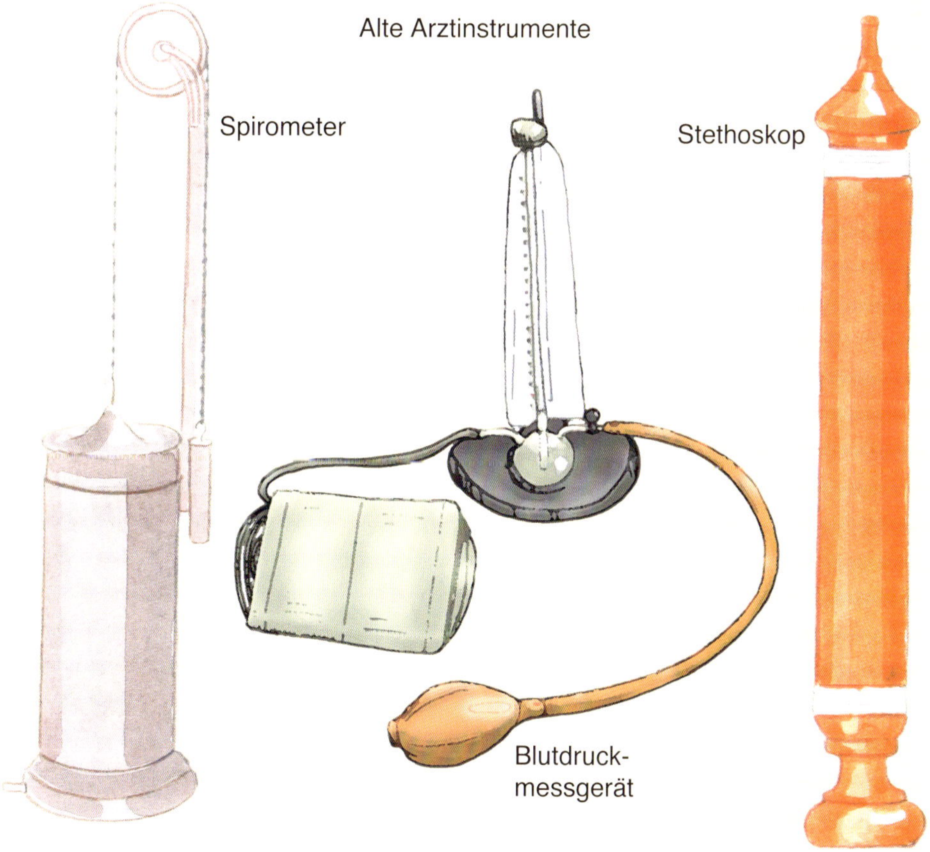

Spirometer

Stethoskop

Blutdruck-
messgerät

Heilpflanzen

Schon seit vielen Jahrhunderten wissen die Menschen, dass Pflanzen Stoffe enthalten, die Krankheiten heilen.

Hundskamille

Echte Kamille

Die Echte Kamille hat einen typischen Geruch. Du kannst sie ernten und trocknen. Kamille wirkt gegen Entzündungen und treibt Schweiß. Deshalb ist Kamillentee ein gutes Getränk, wenn du erkältet bist.

Pfefferminzöl kannst du kaufen. Einige Tropfen auf der Stirn verrieben helfen bei Kopfschmerzen.

Brennnesseln, in Salzwasser gekocht und in Butter gedünstet, lindern Blasenentzündungen.

Arnikasalbe hilft gegen Blutergüsse, Prellungen und Verstauchungen, Rheuma und Muskelschmerzen.

Bei Entzündungen im Mund spüle mit Salbeitee. Bei Verdauungsproblemen kannst du den Tee trinken.

Berühmte Ärzte

In der Frühzeit gab man Geistern die Schuld an Krankheiten. Um sie zu vertreiben, benutzte man Zaubersprüche und Tänze.

Louis Pasteur erkannte, dass Bakterien Krankheiten verursachen können und dass sie durch Hitze getötet werden. Deshalb heißt Milch, die durch kurzzeitiges Erhitzen keimfrei gemacht wird, pasteurisierte Milch.

Schon vor etwa 2500 Jahren entwickelte sich die Medizin, die Wissenschaft von den Krankheiten und Verletzungen bei Mensch und Tier.

Hippokrates, der berühmteste Arzt des Altertums, erkannte, dass man Krankheiten durch gesunde Nahrung vermeiden kann. Er riet allen Heilkundigen, die Kranken zu beobachten und Aufzeichnungen zu machen.

Der britische Arzt Edward Jenner entdeckte 1798 einen Impfstoff gegen Pocken.

Robert Koch fand vor über 100 Jahren heraus, wie die Malaria durch Mücken übertragen wird.

Mensch und Automat

In vielen Science-Fiction-Filmen kommen künstliche Menschen vor.
Auch in vielen Zukunftsromanen spielen sie eine Rolle.

Menschen werden nie einen Roboter bauen können, der menschlich ist.
Roboter können sich nicht selbst vermehren. Sie haben keine Gefühle und
heilen auch nicht von selbst, wenn sie kaputt gegangen sind.

Automaten treffen ihre Entscheidungen immer nach den Regeln, die ihre Hersteller ihnen vorgegeben haben. Sie haben keinen freien Willen.

Das Wort Roboter hat der tschechische Schriftsteller Karel Čapek in einem Theaterstück erstmals verwendet. Er konnte nicht ahnen, dass man heute, 90 Jahre später, ein Auto ganz ohne menschliche Arbeiter herstellen kann.

Manche Arbeiten erledigen Roboter viel schneller und exakter als Menschen. Maschinen schlafen nicht.

Die ersten menschenähnlichen Maschinen funktionierten ohne Strom. Sie enthielten ein Uhrwerk.

Stichwortverzeichnis

© Schwager & Steinlein Verlag GmbH
Text: Ute Friesen
Illustrationen: Andreas Belser, Franz Csmarits, Gisela Fuhrmann,
Miles Kelly Art Library, Katja Schmiedeskamp
Umsetzung: Thema media GmbH, München
Gesamtherstellung: Schwager & Steinlein Verlag GmbH
www.schwager-steinlein-verlag.de